Pietro Bandini

Der heilige Kalender der MAYA

Zeitmythos und Zukunftsprophezeiung einer geheimnisvollen Kultur

Originalausgabe

WILHELM HEYNE VERLAG
MÜNCHEN

HEYNE SACHBUCH
19/617

Besuchen Sie uns im Internet:
http://www.heyne.de

Umwelthinweis:
Dieses Buch wurde auf chlor- und
säurefreiem Papier gedruckt.

Printed in Germany 1998
Umschlagillustration: Archiv für Kunst und Geschichte, Berlin
Umschlaggestaltung: Atelier Bachmann & Seidel, Reischach
Technische Betreuung: Sibylle Hartl
Satz: Rudolf Schaber Datentechnik, Wels
Druck und Verarbeitung: Ebner Ulm

ISBN 3-453-14144-X

Für Pío M.

Inhalt

Vorbemerkung 13

Einleitung 15

Aufstieg und Untergang der Maya-Kultur 17
Die Könige der Maya 17
Stadtstaaten wie in Hellas 18
Gelehrtes Rätselraten nach dem Autodafé von Maní .. 20
Nachklassische Maya-Bücher 21
Die Wiederentdeckung des Maya-Kalenders 22
Götter der Zeit 23
Ein Abenteurer des Geistes 24
Wann begann die Maya-Welt? 26

1 Die wichtigsten Bausteine des Maya-Kalenders 29

Maya-Mathematik 29
Das Zahlensystem 29
Das Notationssystem 30
Das Stellenwertsystem 30
Das Kalenderwerk 31
Der Tzolkin-Kalender 31
Das Haab 34
Die Kalenderrunde 35

2 Die Erschaffung der Kalenderwelt 38

Das Räderwerk der Zeit 39
Die Sphären der Welt 40
Die drei Seinsbereiche 41
Der Weltenbaum 42
Als Gott den Kalender schuf 43

Kampf der Kalendergötter 44
Holzköpfe und Maismenschen 45

3 Zahlen und andere Götter 48

Aufstand gegen Urgöttin Ixmucané 49
Das Scheitern der Väter: Einsjäger und Siebenjäger 50
Die Rache der Söhne: Hunahpú und Ixbalanqué 52
Kampf der Göttinnen 54
Tollkühne Taten in Xibalbá 55
Ballspiel mit einem Götterschädel 56

4 Ein göttlicher Countdown 58

Das Geschlecht der Götter 59
Göttliche Generationen 60
Herr Zehn - der alte Todesgott 62
Herr Neun - der junge Gott CH 63
Herr Acht - der junge Maisgott 66
Herr Sieben - der alte Jaguargott der Unterwelt 69
Herr Sechs - der alte Regengott Chac 71
Frau Fünf - die göttliche Urmutter Mam 73
Herr Vier - der alte Sonnengott Ahau Kin 76
Herr Drei - ein Windgott? 78
Herr Zwei - ein junger Gott mit amourösem Geheimnis 79
Frau Eins - die junge Mondgöttin 80
Die Zahlengötter im Überblick 81

5 Zwischen Zahlen und Visionen: Priester und Rituale der Maya 85

Der Hohepriester 86
Der Opferpriester 86
Aderlaß und Selbstkasteiung 87
Der Jaguarpriester 89
Der Kalenderpriester 90

6 Der Ritualkalender Tzolkin 91
Die Zauberformel 92
Die Tagesgötter 94
Imix - der erste Tag 96
Ik - der zweite Tag 97
Akbal - der dritte Tag 98
Kan - der vierte Tag 99
Chicchan - der fünfte Tag 101
Cimi - der sechste Tag 102
Manik - der siebente Tag 103
Lamat - der achte Tag 104
Muluc - der neunte Tag 106
Oc - der zehnte Tag 107
Chuen - der elfte Tag 109
Eb - der zwölfte Tag 111
Ben - der 13. Tag 112
Ix - der 14. Tag 114
Men - der 15. Tag 115
Cib - der 16. Tag 116
Cabán - der 17. Tag 117
Edznab - der 18. Tag 118
Cauac - der 19. Tag 119
Ahau - der 20. Tag 120
Die Tagesgötter im Überblick 121
Anwendungsbeispiel (erster Teil) 124
Die Regenten des Tzolkin-Tages 10 Ahau 124
Wahrsagung aufgrund der Tzolkin-Götter 124

7 Der Sonnenkalender Haab 126
Rätselhafte »Monatsnamen« 127
Zahlen- und Monatsgötter 128
Pop - der erste Monat 130
Uo - der zweite Monat 131
Zip - der dritte Monat 132

Zotz - der vierte Monat ... 134
Tzec - der fünfte Monat ... 135
Xul - der sechste Monat ... 137
Yaxkin - der siebte Monat ... 138
Mol - der achte Monat ... 139
Chen - der neunte Monat ... 140
Yax - der zehnte Monat ... 141
Zac - der elfte Monat ... 142
Ceh - der zwölfte Monat ... 143
Mac - der 13. Monat ... 145
Kankin - der 14. Monat ... 146
Muan - der 15. Monat ... 147
Pax - der 16. Monat ... 149
Kayab - der 17. Monat ... 150
Cumku - der 18. Monat ... 152
Uayeb - der 19. Monat ... 153
Die Monatsgötter im Überblick ... 156
Anwendungsbeispiel (zweiter Teil) ... 159
Die Regenten des Haab-Datums 18 Mac 159
Wahrsagung aufgrund der Tzolkin- und Haab-Daten 160

8 Kalenderrunde und Lange Zählung ... 162

Ein rundes Menschenleben: die Kalenderrunde ... 162
Von der Schöpfung bis zum Untergang: die Lange Zählung ... 164
Das große Räderwerk: Verzahnung von Kalenderrunde und Langer Zählung ... 166
Anwendungsbeispiel (dritter Teil) ... 167

9 Die Herren der Nacht und die Götter der Jahre ... 169

Mitternachtsgötter - die Herren der Nacht ... 169
Anwendungsbeispiel (vierter Teil) ... 170

Die Jahresträger 172
Jahresträger-Systeme 172
Jahresträger und Richtungsgötter 174
Jahres- und Richtungsgötter des Jahres Kan 176
Jahres- und Richtungsgötter des Jahres Muluc 178
Jahres- und Richtungsgötter des Jahres Ix 180
Jahres- und Richtungsgötter des Jahres Cauac 182
Jahres- und Richtungsgötter im Überblick 184
Anwendungsbeispiel (fünfter Teil) 187

10 Zeitenwende – Weltenende? 188

Drei Gründe, warum die Welt noch lange nicht untergeht 189
Das christliche Millennium im Maya-Kalender 190
Das Tzolkin-Datum 9 Ahau 191
Das Haab-Datum 8 Kankin 192
Die Götter des Jahres Ix 192

Anhang 195

Literaturhinweise 195
Anmerkungen 197
Bildnachweis 205

Vorbemerkung

Zwei wahren Freunden, ohne die das vorliegende Werk niemals entstanden wäre, möchte ich an dieser Stelle ganz besonders danken: zuerst Timo Prohn, dem deutschen Übersetzer meiner Werke *Die Rückkehr der Engel* und *Drachenwelt*. Seit mittlerweile fast einem Jahrzehnt in München wohnhaft, bin ich heute vor allem dank seiner geduldigen Lektionen imstande, mehr oder minder fehlerfreie Manuskripte in deutscher Sprache anzufertigen. Wann immer »etwas« in mir einen syntaktischen Schnitzer begehen will, korrigiert mich eine innere Stimme - *deine* Stimme, Timo; dafür und für vieles, vieles andere meinen tiefen Dank. Wo bist du, während ich diese Worte schreibe? Kann es wirklich sein, daß du für immer gegangen bist?

Ebenso herzlich danke ich meinem jungen Freund Pío Martinéz vom Volk der Tzotziles oder »Fledermausleute«, diesem einst so kriegerischen Mayastamm, dessen mutige Angehörige noch heute der Obrigkeit Mexikos Furcht (wenn schon nicht Respekt) einflößen. Pío, was seit *damals* geschehen ist (die Zerstörung deiner Kultur, die Verbrennung der Maya-Bücher, die Vernichtung der Elite deines Volkes, die Unterdrückung deiner Leute bis in die heutige Zeit) kann niemand ungeschehen machen. Aber wir können gedenken und müssen mahnen, zu retten und zu rekonstruieren versuchen, und dieses Büchlein ist ein kleiner Beitrag zu dem großen Projekt der Erinnerung (dein eigenes geplantes Buch über das *Götterorakel von Yucatán* wird ein ungleich größerer und kostbarerer Beitrag sein). Vielen Dank für die langen, unglaublich intensiven Gespräche; für den Schrecken, als du mir ein rituelles Blutopfer

»demonstriertest«; für deine Geduld, mit der du meine Fragen beantwortet hast. Wann endlich reisen wir wieder auf dem gewaltigen Usumacinta, dessen Ufer gesäumt sind von den Ruinenstädten deiner Ahnen, zum Golf von Mexiko?

Pietro Bandini
München, im Winter 1997/98

Einleitung

Zu den zahlreichen Rätseln, welche uns die antiken Maya aufgeben, zählt der eigentümliche Umstand, daß ihre Götter der schönen Künste und Schriftgelehrten die Züge von Brüllaffen trugen.[1] Was wollen uns die Weisen des alten Amerika mit dieser physiognomischen Anspielung sagen?

Ich meinesteils betrachte sie als Mahnung statt als Ansporn, weshalb ich mich auch im vorliegenden Werk eher leiser Töne befleißigen will. Vor allem werde ich keine »neuen Beweise« für zwei so beliebte wie törichte Behauptungen anbieten, die seit längerem durch die Debatte um die vorspanischen Maya geistern.

Die eine dieser Hypothesen besagt, daß die kulturellen Leistungen der klassischen Maya ohne irgendwelche Vorläufer und Vorbilder »aus dem Nichts« entstanden seien.[2] Diese Annahme ist offenkundig falsch: In den zurückliegenden Jahrzehnten haben die Archäologie und benachbarte Forschungsdisziplinen durch eine Fülle von Indizien bewiesen, daß die Maya-Zivilisation auf den erheblich älteren Kulturen der Olmeken und Zapoteken fußte. Als deren kulturelle Erben entwickelten die Maya die Hieroglyphenschrift ihrer Vorläufer weiter sowie in bewundernswerter Weise deren Mathematik und Kalendersystem. Die idealisierende Annahme, daß sie einzig aus ihrem eigenen Genius schöpften, da sie keinerlei verwendbare Anregungen von außen erhalten hätten, darf seit längerem als widerlegt gelten: Die Hochkultur der klassischen Maya (ca. 200–900 n. Chr.) ist ohne ihre olmekischen und zapotekischen Vorläufer sowenig vorstellbar wie die griechische Klassik ohne die prähistorische Blüte der ägäischen Kultur.

Die zweite Behauptung, die ich hier ebensowenig unterstützen möchte, begegnet uns meist weniger konkret. Sie ist aber gerade deshalb noch langlebiger als die erste Unterstellung; anscheinend fließt sie in viele Kommentare zu den kulturellen Leistungen und Besonderheiten der klassischen Maya ein, ohne daß dies dem jeweiligen Autor und den meisten Lesern bewußt würde. Gemeint ist die Annahme, daß unsere fortdauernden Schwierigkeiten, die überlieferten Texte der Maya und ihren kulturellen Kontext wirklich zu verstehen, hauptsächlich auf deren Komplexität und esoterische Tiefe zurückzuführen seien.

Diese Unterstellung scheint mir – abgesehen davon, daß sie einen verbreiteten Drang zu willkürlicher Verrätselung befriedigt – vor allem ein Resultat fortwirkender Verdrängung zu sein. Denn in Wahrheit hat sich das Abendland die Rätsel, die insbesondere das Maya-Schrifttum den Forschern noch immer aufgibt, ganz überwiegend selbst zuzuschreiben: Als die spanischen Invasoren im 16. Jahrhundert die Halbinsel Yucatán eroberten, ließen sie im Namen Christi nicht nur Herrscher und Priester der Maya abschlachten, sondern gaben auch nahezu sämtliche Bücher dieser »teuflischen« Völker den Flammen preis. Ironischerweise stammt daher der wichtigste Bericht über Schrift und Kalender, Traditionen und Rituale der alten Maya von der Hand des spanischen Franziskanerpaters Diego de Landa, der im 16. Jahrhundert die systematische Verbrennung aller Maya-Dokumente befahl.

Aufstieg und Untergang der Maya-Kultur

Das klassische Maya-Land ist etwa so groß wie das heutige Deutschland und weist sogar dessen ungefähre Umrisse auf. Es liegt im wesentlichen im Gebiet des heutigen Mexiko und Guatemala.[3]

Die tief gelegene Halbinsel Yucatán im Norden besteht zu einem großen Teil aus Kalkstein und ist überwiegend flach. Dagegen steigt das Land nach Süden hin allmählich an: Dieses Herzstück des klassischen Maya-Landes wird allgemein als südliches Tiefland bezeichnet; in seinem Zentrum, dem wasserreichen Landstrich Petén, befinden sich viele Ruinenstädte der Maya, darunter die gigantische Metropole Tikal. Nach Osten zu, in Richtung Belize, erheben sich die sogenannten Maya Mountains; im Südwesten ragen die Vulkangipfel des Hochlandes von Guatemala auf.

In dieser eindrucksvollen Landschaft gelang den Stämmen der Maya etwa um 800 v. Chr. ein zivilisatorischer Fortschritt jener Art, wie ihn die Wissenschaft gemeinhin als »Kultursprung« kennzeichnet: Als Erben der spätsteinzeitlichen Olmeken und Zapoteken gelangten sie in den Besitz beachtlicher Kulturtechniken, die sie im folgenden Jahrtausend - ihrer »formativen« bzw. »präklassischen« Periode - Zug um Zug verfeinern und weiterentwickeln sollten.

Die Könige der Maya

Um 200 n. Chr. wurden erste yucatekische Königshäuser gegründet; damit begann die als klassisch bezeichnete Periode, die etwa bis 900 n. Chr. währte. Nachweislich wurden göttergleiche Herrscher der Maya bereits Ende des 3. nachchristlichen Jahrhunderts auf Stelen im südlichen Tiefland gepriesen, insbesondere mittels der steinernen Inschriften von Tikal.

Lange Zeit glaubte die westliche Maya-Forschung, ursprünglich habe ein »Altes Reich« bestanden, das erst in einer Periode der Degeneration zerfallen sei. Dagegen nimmt man heute an, daß ein solches Großreich der Maya niemals existiert hat. Vielmehr waren die Maya-Völker - ähnlich den Verhältnissen in der hellenischen Klassik - anscheinend während ihrer gesamten klassischen Periode und darüber hinaus in Stadtstaaten organisiert. Diese waren keineswegs so friedfertig, wie man zunächst unterstellte, sondern führten untereinander fortwährend Grenz- und Eroberungskriege. Jedoch errangen selbst mächtige Städte - wie etwa Chichén Itzá in der Spätzeit - immer nur vorübergehend die Vorherrschaft.

Stadtstaaten wie in Hellas

Im 8. Jahrhundert n. Chr. war das Maya-Gebiet in mindestens 25 Stadtstaaten zergliedert, von denen kaum einer mehr als zwei Tagesmärsche im Durchmesser maß. Allerdings war die Halbinsel zu dieser Zeit keineswegs dünn besiedelt. Nach allem, was wir heute wissen, waren auch die Städte selbst nicht nur »Zeremonialzentren«, in denen allein die Angehörigen der Herrscher- und Priesterkasten lebten, sondern urbane Gebilde, in denen ebenso die einfache Bevölkerung wohnte. So müssen wir heute annehmen, daß das klassische Tikal wenigstens 40 000 Menschen beherbergte; im gesamten Maya-Gebiet siedelten zwölf oder sogar 15 Millionen Einwohner, deren Ernährung nur durch fortschrittliche Agrartechniken sicherzustellen war.

Noch Anfang des 16. Jahrhunderts, als die spanischen Konquistadoren an den Küsten von Yucatán landeten, existierten auf der Halbinsel nicht weniger als 16 solcher Stadtstaaten. Nach westlichen Begriffen handelte es sich um feudalistische Theokratien: Staaten mit einflußreicher Priesterschaft und einer adligen Elite, an deren Spitze jeweils ein *halach vinic*

Maya-Tempel in Tikal nach der Restaurierung

(»wahrer Mann«) genannter Gottkönig stand. Dessen Thron wurde in männlicher Linie vererbt; der König befehligte Elitesoldaten namens *holcano'ob,* deren Grausamkeit und Furchtlosigkeit den spanischen Eroberern abgründige Angst einflößte.

Als 1528 die systematische Eroberung begann, mag den Maya ihre dezentrale Struktur sogar zugute gekommen sein: Während zentralistische Reiche häufig kapitulieren, sobald ihre Metropole in die Gewalt der Invasoren gelangt ist, mußten die Spanier im Maya-Gebiet sämtliche Herrscher und ihre Truppen nach- bzw. nebeneinander besiegen.

Erst nach 15 Jahren furchtbarer Schlachten konnten die Eindringlinge nachhaltige Erfolge verzeichnen: 1542 verloren die Maya, die sich im Schutz des Dschungels auf Guerillastrategien verlegt hatten, den Nordwesten der Halbinsel an die Konquistadoren. Das war zwar der Anfang vom Ende für die altamerikanische Zivilisation; doch selbst 150 Jahre später hatten die Spanier noch nicht das gesamte Maya-Gebiet unter ihre Kontrolle gebracht. Und noch im 18. Jahrhundert und darüber hinaus erhoben sich die Unterjochten immer wieder gegen ihre weißen Herren, welche die Maya zu Sklaven im eigenen Land erniedrigt hatten.

Gelehrtes Rätselraten nach dem Autodafé von Maní

Ethnische Vorurteile hinderten die abendländische Forschung jahrhundertelang anzuerkennen, daß die Maya-Kultur (wie auch die der Inkas oder der Azteken) in vielerlei Hinsicht den alten Hochkulturen Ägyptens oder Griechenlands ebenbürtig war. Heute, da wir endlich bereit sind einzuräumen, daß die Geschichte Amerikas lange vor seiner »Entdeckung« durch die Weißen beginnt, sind von diesen altamerikanischen Kulturen fast nur noch die monumentalen Ruinenstädte übrig geblieben. Steinerne Inschriften in kunstvoller Hieroglyphenschrift bedecken zwar buchstäblich Hunderte von Stelen oder Türstürzen in Tikal, Palenque oder Uaxactun; doch ob es jemals gelingen wird, diese Texte wirklich zu entschlüsseln, bleibt trotz linguistischer Teilerfolge und immer neuer Durchbruchsmeldungen zweifelhaft. Was den Maya-Forschern fehlt, ist weniger ein »Stein von Rosette« als ein Schlüssel zum tieferen Verständnis der mythologischen und religiösen Gedankenwelt: Erst in deren Kontext, nicht allein durch linguistische Formalisierung, ließe sich der subtilere Sinn der steinernen Inschriften und gemeißelten Ritualszenen erschließen.

Nachdem unleserliche Überreste von Büchern in klassischen Grabstätten entdeckt wurden, wissen wir heute eindeutig, daß die Maya bereits im ersten nachchristlichen Jahrtausend über solche Schriftstücke verfügten. Maya-Bücher finden wir auch auf etlichen Bildnissen aus klassischer Zeit - anscheinend wurden sie bereits damals aus dem Rindenbast der Ficusbäume hergestellt und wie Leporellos gefaltet. Die nachklassischen Maya beherrschten zwar vielerorts die komplizierte Schrift ihrer Ahnen schon vor Ankunft der Spanier nicht mehr; doch im nördlichen Tiefland war die Glyphenschrift noch um 1600, in einigen Gebieten sogar noch Ende des 17. Jahrhunderts in Gebrauch. Hätte man also damals ein paar wißbegierige Mönche ausgesandt, um die verbliebenen sprachkundigen Maya zu Aufbau und Eigenarten ihrer Schrift zu befragen, so wäre uns seither viel gelehrtes Rätselraten erspart geblieben.

Nachklassische Maya-Bücher

Im Grunde aber war diese Schlacht für Sprach- und Mythenforscher schon ein Jahrhundert zuvor nahezu verloren, als besagter Franziskaner Diego de Landa das in Mesoamerika bis heute berüchtigte Autodafé von Maní befahl: Dank seines inquisitorischen Eifers, der selbst im Vatikan seinerzeit Befremden erregte, ist nicht ein einziges Maya-Schriftstück aus klassischer Zeit erhalten geblieben. Tatsächlich sind lediglich vier Maya-Bücher in Glyphenschrift überliefert, die allesamt erst nach der ersten Jahrtausendwende unserer Zeitrechnung angefertigt wurden. Drei dieser vier Dokumente werden nach den Orten, wo man sie seither verwahrt, *Kodex Dresden, Kodex Madrid* und *Kodex Paris* genannt; das vierte Buch heißt nach seinem Erstverleger *Kodex Grolier*. Sie alle bestehen aus mit Stuck beschichtetem Rindenbast und sind wie Leporellos gefaltet. Die Texte, die sie enthalten, sind in Hieroglyphen-

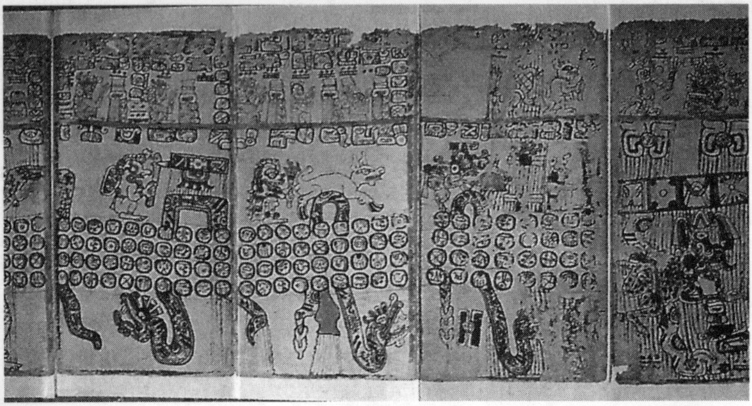

Ausschnitt aus dem sogenannten Kodex Madrid. Tausende solcher Maya-Bücher ließ der fanatische Franziskaner Diego de Landa verbrennen.

schrift verfaßt, die nach wie vor nicht vollständig entschlüsselt ist: Manche Glyphen gelten als entziffert, andere konnten allenfalls »gedeutet« werden; wieder andere wollen nach wie vor ihre Geheimnisse nicht preisgeben.

Für uns jedoch, die wir vor allem alles Wissenswerte über das hochkomplexe Kalendersystem der Maya zusammentragen wollen, gibt es eine gute Nachricht: Die kalendarischen und astrologischen Passagen in den Kodizes konnten weitestgehend dechiffriert werden.

Die Wiederentdeckung des Maya-Kalenders

Um das eigenmächtig angeordnete Autodafé der Maya-Bücher zu rechtfertigen, verfaßte der Franziskanerpater Diego de Landa im Jahr 1566 einen umfangreichen Bericht mit dem Titel *Relacion de los Cosas de Yucatán.* Tatsächlich gelang es ihm, sich mit Hilfe dieses Schriftstücks reinzuwaschen; zum Bischof befördert, kehrte er bald darauf aus Rom zu seinen »geliebten Maya« zurück.

Glücklicherweise enthält Landas Bericht umfangreiche Schilderungen vieler Maya-Zeremonien, detaillierte Darstellungen wesentlicher Bestandteile des Kalendariums sowie der Astrologie der Maya und sogar ein angebliches »Alphabet« in Hieroglyphenschrift. Unglücklicherweise verschwand dieser Bericht jedoch für mehrere Jahrhunderte spurlos; erst im Jahr 1862 wurde er von dem enthusiastischen Ruinenforscher Charles Brasseur de Bourbourg wiederentdeckt – einem katholischen Geistlichen, der anscheinend tätige Reue für die Schandtaten seines frühen Vorgängers übte.

Bereits zwei Jahrzehnte zuvor hatte der yucatekische Wissenschaftler Pío Pérez in einem Aufsatz mit dem Titel *The Ancient Chronology of Yucatán* etliche Komponenten des verschollenen Maya-Kalenders enthüllt. Zum Entzücken selbst der trockensten Wissenschaftler fanden sich nun in Landas Schriftstück sogar Tabellen der Tages- und Monatsnamen nebst zugehörigen Hieroglyphen, welche die Maya für ihr Kalendersystem verwendet hatten. Da sich Pérez' Angaben weitgehend mit den im Bericht des feurigen Bischofs aufgefundenen Informationen deckten, konnte man plötzlich einen beträchtlichen Teil der Maya-Hierogylphen entziffern, die bis dahin allen Entschlüsselungsversuchen getrotzt hatten.

Götter der Zeit

Diese Funde riefen in der Fachwelt begreifliche Aufregung hervor: Das Kalendersystem fußt auf einer hochentwickelten Mathematik, die den Wert Null kennt und ein Stellenwertsystem voraussetzt. Genauigkeit und Komplexität des Kalendariums übertrafen selbst die kühnsten Erwartungen. Allem Anschein nach waren die Maya von Mathematik und Kalenderdaten regelrecht besessen gewesen. Ohne irgendwelche technischen

Hilfsmittel hatten sie überdies Astronomie betrieben und Sonnen-, Mond- und Venusbahnen mit hoher Präzision für gewaltige Zeiträume berechnet.

Ehrfürchtige Scheu aber befiel die abendländischen Forscher, als ihnen bewußt wurde, daß die Herrscher und Priester dieses erstaunlichen Volkes den ganzen Zahlenzauber zum Ruhm einer Götterwelt veranstaltet hatten, die offenbar *die Zeit selbst,* ja sogar einzelne Zahlen und mathematische Einheiten verkörperte. Man bedenke: In einer Epoche, da sich der Mythos vom »edlen Wilden« in Europa noch immer größter Popularität erfreute, hatte das Abendland »mitten im Dschungel« eine »Gesellschaft von Wilden« entdeckt, deren Olymp aus Kalendergottheiten, aus glorifizierten mathematischen Formeln und Göttern der Zeit bestand.

Auch wenn die Bedeutung des größeren Teils der Hieroglyphen weiterhin rätselhaft blieb, beschlossen die Forscher im damaligen Eifer, daß ein so edles Volk wie die klassischen Maya auf seinen Stelen, Türstürzen und Tempelfresken einzig und allein Erkenntnisse mathematisch-religiösen oder numinos-kalendarischen Inhalts verewigt haben konnte. Infolge dieser Fehleinschätzung sollte fast ein ganzes weiteres Jahrhundert vergehen, ehe bei der Entzifferung der nichtkalendarischen Hieroglyphen abermals größere Fortschritte gelangen.

Uns aber interessiert auch hier vor allem die gute Nachricht: In diesem Jahrhundert der Irrwege und scheiternden Versuche, die Glyphenschrift zu entschlüsseln, wurden Mathematik und Kalendersystem der Maya nahezu umfassend erforscht.

Ein Abenteurer des Geistes

Die weitgehende Rekonstruktion des Maya-Kalenders verdanken wir vor allem einem Deutschen namens Ernst Förstemann. Seines Zeichens Bibliothekar der Königlich-Öffentlichen Bibliothek in Dresden, stieß er Ende der sechziger Jahre des vorigen

Jahrhunderts auf den »Kodex Dresden«, der seit längerem unbeachtet in seinem Archiv verstaubte. Nach allem, was wir über Förstemann wissen, war er ein Abenteurer des Geistes, dem gewaltige Entdeckungen gelangen, ohne daß er auch nur einen Fuß vor die Tür seiner Bibliothek an der Elbe setzte.

Im Jahr 1880 veröffentlichte Förstemann ein Faksimile des Kodex Dresden; in den folgenden acht Jahren eröffnete er der staunenden Fachwelt Zug um Zug die wesentlichen kalendarischen und astrologischen Konzepte der Maya:

- das mathematische *Vigesimalsystem* (die Maya rechneten in »Zwanzigern« statt in »Zehnern« wie wir);
- die sogenannte *Lange Zählung*[4] des Maya-Kalenders mit dem Nulldatum »13.0.0.0.0 – 4 Ahau 8 Cumku«;
- der *Tzolkin*[5] genannte 260-Tage-Kalender und die entsprechenden Wahrsage-Almanache im Kodex Dresden;
- die sogenannten *Venustafeln*, die der Kodex Dresden gleichfalls enthält: exakte Berechnungen des 584-Tage-Zyklus des Planeten Venus, einschließlich seiner Erscheinungsformen als Morgen- und als Abendstern.

Aufgrund des Aufsatzes von Pérez, des alten Berichtes von Bischof de Landa und nun vor allem der gründlichen und scharfsinnigen Darlegungen des Bibliothekars Förstemann vermochten die Forscher bereits Ende des 19. Jahrhunderts die komplexen Daten der Langen Zählung – sozusagen eines »Immerwährenden Kalenders« der Maya – zu lesen: Meißelten die Maya in eine Stele ein fünfstelliges Datum (beispielsweise die Glyphen für »11.8.0.0.0«), so bezog sich die höchste Stelle auf die Einheit *Baktun* (144 000 Tage oder 20 × 20 »Rundjahre«), die nächste auf die Einheit *Katun* (7200 Tage oder 20 »Rundjahre«), gefolgt von den Einheiten *Tun* (360 Tage – das »Rundjahr« selbst), *Uinal* (20 Tage) und *Kin* (Tag).

Ebenso geklärt war nun die Funktionsweise des *Tzolkin* genannten Heiligen Kalenders der Maya, der die Zahlen 1 bis 13

Ernst Förstemann, Königlicher Bibliothekar in Dresden, entschlüsselte im 19. Jahrhundert wesentliche Teile des Maya-Kalenders.

mit zwanzig »Tageszeichen« kombiniert, somit 260 Tage umfaßt und überwiegend Orakel- und Wahrsagezwekken diente.

Auch der *Haab* genannte Sonnenkalender[6] der Maya gab den Wissenschaftlern bereits Ende des letzten Jahrhunderts keine prinzipiellen Rätsel mehr auf: Er umfaßt 18 »Monate« à 20 Tage sowie einen 19. Rumpfmonat von lediglich fünf Tagen, die als unheilbringend galten.

Schließlich war man nun auch in der Lage, den Mechanismus der sogenannten »Kalenderrunde«[7] zu erklären: In diesem weiteren Kalendarium der Maya wurden Haab und Tzolkin so miteinander verzahnt, daß jeweils erst nach 52 Jahren ein Tag desselben Datums wiederkehrte.

Doch trotz so vielfältiger Erkenntnisse blieb noch längere Zeit völlig unklar, wie sich all diese verwirrend genauen Daten des vielschichtigen Maya-Kalendersystems in den christlichen – sei es nun der Julianische oder der Gregorianische – Kalender umrechnen ließen.

Wann begann die Maya-Welt?

Mit letzter Sicherheit können wir bis heute keine Beziehung zwischen den Daten beider Kalendersysteme aufstellen. Je-

Ausschnitt aus dem Dresdener Kodex, den Ernst Förstemann zur Rekonstruktion des Maya-Kalenders nutzte

doch hat sich die Fachwelt auf eine Umrechnungsformel geeinigt, die mittlerweile kaum mehr angezweifelt wird. Sie basiert auf einem Aufsatz mit dem Titel *Mayan Dates*, den der Forscher Joseph T. Goodman im Jahr 1905 publizierte. Im wesentlichen berief er sich auf den Bericht von Bischof de Landa, auf die nachklassischen Maya-Kodizes sowie auf ein Maya-Schriftstück in spanischer Sprache aus der Zeit der Konquistadoren. In diesem Dokument wird eine Korrelation zwischen dem christlichen Jahr 1539 und einem Maya-Datum angegeben – letzteres aber unglücklicherweise nicht in den Koordinaten der Langen Zählung, sondern als Datum der Kalenderrunde. Obwohl diese, wie gesagt, lediglich 52 Jahre umfaßt, gelang es Goodman, dasjenige Datum zu errechnen, das dem Jahr 1539 n. Chr. in der Langen Zählung der klassischen Maya entsprach: 11.16.0.0.0.

Mit Hilfe der Radiocarbonanalyse und weiteren Tüftelns seitens der Maya-Forscher Martínez und Thompson konnten im Verlauf des 20. Jahrhunderts die Berechnungen von Goodman geringfügig korrigiert, indes im wesentlichen untermauert werden. Seither geht die Fachwelt mit überwiegender Mehrheit davon aus, daß das Nulldatum der Langen Zählung der Maya – 13.0.0.0.0 – dem 31.8.3114 v. Chr. in unserem Gregorianischen Kalender entspricht.

Selbstverständlich war dies kein Datum, das sich mit historischen Erinnerungen verknüpfte: Zum betreffenden Zeitpunkt hatte es weder schriftkundige Maya noch irgendwelche mathematisch kundigen Vorläufer dieses zahlengläubigen Volkes gegeben. Nach der Überzeugung der klassischen Maya, die sie auf Stelen und steinernen Bildtafeln hinterlassen hatten, war es vielmehr das Datum, an dem die Götter (weder zum ersten noch zum letzten Mal) diese Welt erschaffen hatten:

13 Baktun
0 Katun
0 Tun
0 Uinik
0 Kin

1
Die wichtigsten Bausteine des Maya-Kalenders

Zum besseren Verständnis der folgenden Ausführungen möchte ich zunächst die wesentlichen Komponenten und Mechanismen der Mathematik und des Kalendersystems der Maya erklären. Bei diesem schematischen Überblick lassen wir für den Moment (höchst unzulässigerweise) außer acht, daß der gesamte Bereich der mathematischen und kalendarischen Operationen für die Maya von vielfältigem göttlichem Wirken durchdrungen war.

Maya-Mathematik

Das Zahlensystem

Die Maya rechneten mit dem Vigesimal- oder Zwanzigersystem. Auf die »Einer« folgten daher nicht die »Zehner« wie bei unserer Zählweise, sondern »Zwanziger«. Damit ihre Mathematik mit den Recheneinheiten ihres Kalenders übereinstimmte, betrug die nächsthöhere Einheit allerdings nicht 20, sondern 18 (18 × 20 = 360). Danach ging es jedoch mit dem Multiplikator 20 ad infinitum regelmäßig weiter (20 × 360 = 7200; 20 × 7200 = 144 000 usf.).

Sicherlich tun wir den alten Maya nicht unrecht, wenn wir solches Rechnen in Zwanzigereinheiten schlicht auf die Tatsache zurückführen, daß sie ursprünglich neben den Fingern auch ihre Zehen bei Rechenoperationen zu Hilfe nahmen.

Das Notationssystem

Einfach und zweckmäßig war auch das Punkt-Strich-System, mit dem die Maya Zahlenwerte notierten[1]:

➢ Punkte für Werte von 1 bis 4; Querbalken für den Wert 5:

➢ Augen- oder Muschelzeichen für den Wert Null:

Auch hier liegt die Vermutung nahe, daß das Urbild der Punkt- und Balkenzeichen die Abdrücke von Fingerspitzen und Handkanten in Sand oder Staub waren.

Das Stellenwertsystem

Da die Maya überdies das Stellenwertsystem kannten, vermochten sie mittels Punkt, Strich und Null beliebig große Zahlenwerte zu notieren. Hierfür wurden Einer, Zwanziger usw. meist nicht horizontal wie in unserer Notation, sondern wie im folgenden Beispiel vertikal angeordnet:

5 × 7200
3 × 360
7 × 20
0 × 1

37 220

Das Kalenderwerk

Der Tzolkin-Kalender

Läßt man vorläufig außer acht, daß es sich bei allen wesentlichen Komponenten dieses »heiligen Kalenders« um Gottheiten handelt, so bleibt die Tatsache, daß der Tzolkin in 13 »Monate« à 20 Tage zerfällt. Von »Monaten« kann allerdings nur in übertragenem Sinn die Rede sein, da die betreffenden Einheiten lediglich 20 Tage umfassen: Der »Monat« stammt ja nicht nur etymologisch vom »Mond« ab und sollte demnach wie dieser einen Zyklus von 29–30 Tagen aufweisen.[2]

Der Tzolkin umfaßt also 13 × 20 = 260 Tage, eine Zahl, die sich auf den ersten Blick mit keinen der für die Maya relevanten astronomischen Größen (Sonnen-, Mond- oder Venuszyklus) in Einklang bringen läßt.

Seine 20 Tageszeichen lauten:

Imix

Ik

Akbal

Kan

Chicchan

Cimi

Manik

Lamat

Muluc

Oc

Chuen

Eb

Ben

Ix

Men

Cib

Cabán

Edznab

Cauac

Ahau

Um das Prinzip des Tzolkin zu begreifen, sollte man sich dreierlei klarmachen:

1. Der Tzolkin operiert ähnlich wie unser Kalender mit zwei den Tagen übergeordneten Größen, jedoch nicht mit ca. 30tägigen Monaten und siebentägigen Wochen, sondern mit einer starr 20tägigen und einer (ebenso starr) 13tägigen Einheit.
2. Diese beiden Größen werden im Prinzip ebenso miteinander kombiniert wie Tageszahlen und Wochentage in unserem Kalender.
3. Mit letzterem hat der Tzolkin die Ein-Tages-Einheit (*Kin*) gemein; allerdings kennt er für jeden der 20 Tage eines »Monats« (*Uinik*) ein eigenes Zeichen.

Im Tzolkin werden die Tageszeichen also fortlaufend mit den Zahlen 1 bis 13 kombiniert, und zwar nach der Art eines *Räderwerks*: Das kleinere Rad mit den Zahlen 1 bis 13 und das größere mit den 20 Tageszeichen von »Imix« bis »Ahau« sind so miteinander verzahnt, daß mit jedem neuen Tag *beide* Räder um eine Stelle weiterspringen.

Die ersten 13 Tage des Tzolkin lauten folglich:

1 Imix 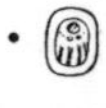

2 Ik 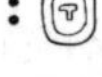

3 Akbal 

4 Kan 

5 Chicchan

6 Cimi

7 Manik

8 Lamat

9 Muluc

10 Oc

11 Chuen

12 Eb

13 Ben

An dieser Stelle beginnt das kleinere Rad seinen Zyklus von neuem (vergleichbar unserer Woche, die nach dem siebten Tag von vorne anfängt), während das größere seinen Umlauf noch nicht beendet hat:

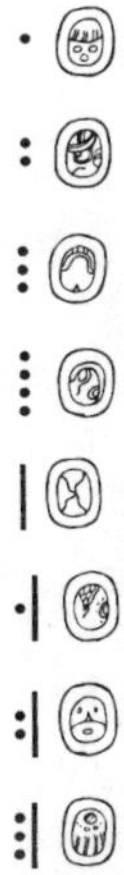

1 Ix

2 Men

3 Cib

4 Cabán

5 Edznab

6 Cauac

7 Ahau

8 Imix ...

Das Haab

Auch die 19 sogenannten »Monatszeichen« des Haab oder Sonnenkalenders der Maya waren nicht einfach konventionelle Zeichen für rein rechnerische Größen, sondern symbolisierten übernatürliche Gewalten mit teilweise beunruhigenden Eigenschaften. Vernachlässigen wir dies zunächst, so finden wir, daß das Haab oder »unscharfe Jahr« der Maya folgende Komponenten umfaßt:

- 18 »Monate« (von »Pop« bis »Cumku«) à 20 Tage sowie
- den 19. »Monat« namens »Uayeb«, der lediglich fünf Tage umfaßt.

Von »Monaten« sprechen wir auch hier nur insofern, als es sich um die größte rechnerische Einheit innerhalb des Haab handelt. Da diese »Monate« jedoch wiederum nur 20 Tage umfassen, haben auch sie mit den Mondzyklen offensichtlich nichts zu tun. Indes entspricht das Haab mit seinen insgesamt 365 Tagen leidlich genau dem tatsächlichen Sonnenjahr.

Die 19 »Monatszeichen« des Haab lauten:

Pop

Uo

Zip

Zotz

Zec

Xul

Yaxkin

Mol

Ch'en

Yax

Zac

Ceh

Mac

Kankin

Muan

Pax

Kayab

Cumku

Uayeb

Um mit dem Haab-Kalender das Datum innerhalb eines laufenden Jahres zu bestimmen, verfuhr man im Prinzip nicht anders, als wir es bei unserem heutigen Kalender gewöhnt sind: Man kombinierte die Tageszahl innerhalb des aktuellen Monats mit dem Namen bzw. Zeichen dieses Monats selbst.

Ähnlich wie wir beispielsweise einen Tag als »17. Februar« oder »3. Mai« identifizieren, sprachen die Maya demnach etwa von »17 Uo« oder von »3 Zec«. Allerdings umfaßte jeder ihrer Haab-»Monate« lediglich 20 Tage, wobei man den jeweils letzten Tag im übrigen nicht als 20. des laufenden Monats, sondern als *Tag Null des Folgemonats* bezeichnete: Nach dem empfindlichen Zeitgefühl der Maya brauchte es jeweils einen Tag zur »Plazierung« des folgenden Monatsregenten.

Eine krasse Ausnahme innerhalb der rechnerischen Regelmäßigkeit des Haab bildet der 19. »Monat« Uayeb: Mit seinen fünf am Jahresende angehängten Tagen erweckt er den Eindruck einer mathematischen Verlegenheitslösung, die lediglich mit Rücksicht auf den Sonnenzyklus entstanden scheint.

Wie wir jedoch weiter unten sehen werden, birgt dieser Schreckenszeitraum Uayeb mit seinen fünf gott- und namenlosen Tagen alles Grauen, das sich für die Maya mit der Vorstellung des Chaos verband.

Die Kalenderrunde

Mit Hilfe des Haab vermochten die Maya also jeden Tag innerhalb des Sonnenjahres unmißverständlich zu bezeichnen: Einen Tag »11 Yaxkin« oder einen Tag »0 Muan« gab es im laufenden Jahr nur ein einziges Mal.

In der sogenannten Langen Zählung numerierten die Maya überdies ihre »Rundjahre« (zur bequemeren Rechnung verkürzte Sonnenjahre à 18 × 20 = 360 Tage) so fortlaufend durch, wie auch wir dies mit unseren Jahren zu tun pflegen. In diesem System rechnete man jedoch mit Zeiträumen von derart erhabener Größe, daß es für den alltäglichen Bedarf kaum zu gebrauchen war – abgesehen davon, daß ein Tag, der lediglich als fünf- oder mehrstellige Zahl notiert wurde, die meisten seiner den Maya so wichtigen Kennzeichen wie Tages-, Wochen- und Monatsregenten verlor.

Dem Alltag der Maya, ihrer Erfahrungswelt und nicht zuletzt der individuellen Lebenszeit sehr viel angemessener war daher die sogenannte Kalenderrunde, die jedem einzelnen Tag in einem Zeitraum von 52 Jahren sein unverwechselbares Gesicht verlieh.

Die Kalenderrunde entsteht ganz einfach dadurch, daß man nicht nur den 13er-Zyklus und die 20 Tageszeichen des Tzolkin, sondern zusätzlich das noch größere Rad des Haab in das kalendarische Räderwerk integriert:

Nach den Berechnungen der Maya begann das gegenwärtige Weltzeitalter an einem Tag *4 Ahau 8 Cumku* (wobei die Komponenten »4 Ahau« dem Tzolkin, »8 Cumku« dem Haab entstammen). Der so gekennzeichnete Tag kann ebenso wie jeder andere Tag, der durch je zwei Tzolkin- und Haab-Merkmale definiert ist, erst nach exakt 18 980 Tagen wiederkehren – nach genau 52 Haab-Jahren also oder nach 73 Zyklen des Tzolkin.

Als ob die übernatürlichen Einflüsse, die sich mit einem Kalenderdatum verbanden, auf diese Weise nicht penibel genug definiert wären, bestimmten die Maya überdies die göttlichen Jahresregenten – die sogenannten »Jahresträger« – und schalteten als weiteres kleines Rad den Neuner-Zyklus der »Herren der Nacht« in ihr kalendarisches Getriebe ein. Auf diese und viele weitere Einzelheiten komme ich in späteren Kapiteln noch ausführlich zu sprechen.

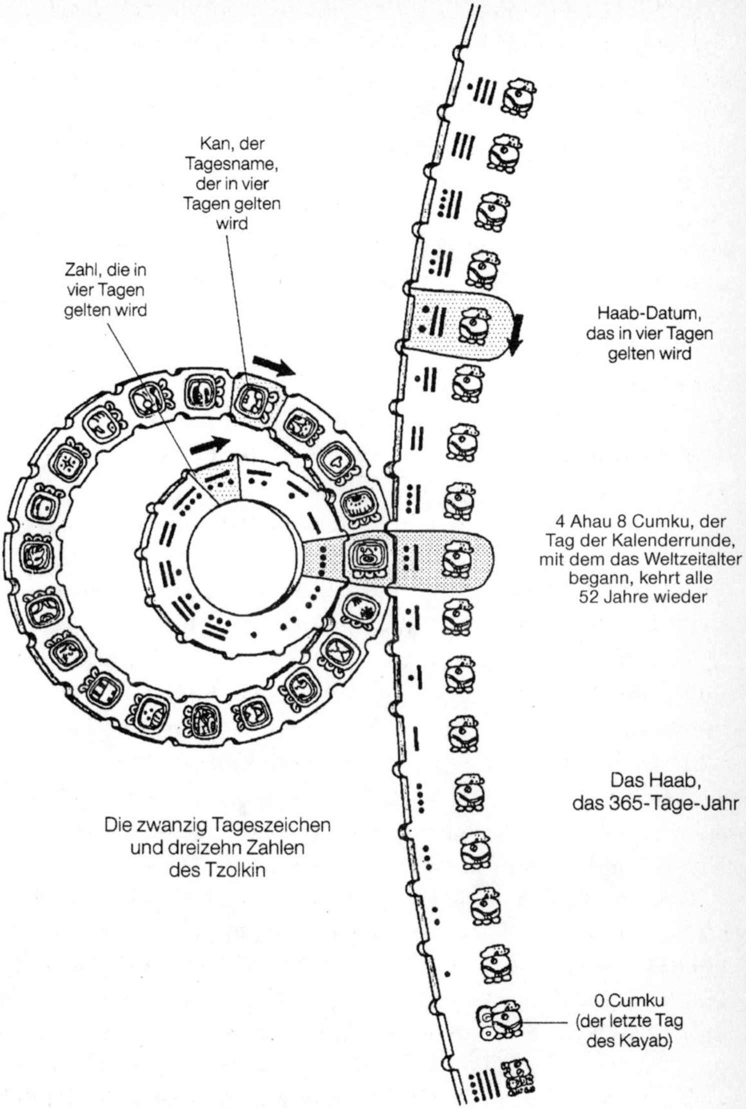

Das Räderwerk der Kalenderrunde

2
Die Erschaffung der Kalenderwelt

Vom Kalendarium der Maya reden heißt stets auch, von ihren Göttern und Schöpfungsmythen zu reden. Woher aber haben wir überhaupt Kenntnis von den religiösen Überzeugungen der alten Maya, nachdem alle ihre Schriften aus klassischer Zeit vernichtet worden sind? Die Antwort ist wundersam:

Im 18. Jahrhundert übte ein weiterer Priester der Christen, Francisco Ximenez, in Mesoamerika tätige Reue für die Greuel, die sein frühester Vorgänger Diego de Landa begangen hatte. Anonym gebliebene Nachkommen der einstigen Landesherren stellten ihm vertrauensvoll das Original eines geheimnisumwitterten Werkes zur Verfügung, das der Pater in penibler Arbeit sowohl kopierte als auch aus dem Quiché-Maya übersetzte. Sodann reichte er den unbekannten Eigentümern die Urschrift zurück.

Ximenez' Leistung als Übersetzer war nicht fehlerlos und ist seither auch oft genug mit Kritik überschüttet worden. Unsterbliche Verdienste erwarb er sich jedoch durch seine getreuliche Abschrift des Originaltextes (der ihm selbstverständlich in lateinischer, nicht in Glyphenschrift vorlag). Denn auf diese Weise ist das heute weltberühmte *Popol Vuh*, das *Buch des Rates*, erhalten geblieben, gleichsam das Alte Testament der Maya, ein höchst eindrucksvolles Werk, das in mythographischer Verdichtung die Schöpfungslegende und die wichtigsten Heldengeschichten aus klassischer und vorklassischer Zeit enthält.

Dank Pater Ximenez sind wir also doch nicht allein auf die lakonischen steinernen Inschriften in den Ruinenstädten der Maya angewiesen: Ohne sich dieser Kühnheit im entferntesten bewußt zu sein, erhob er stummen Protest gegen den Raubbau, den einst Diego de Landa am Kulturschatz der Maya verübt hatte, und überlieferte uns zumindest *einen* Schlüssel zum Verständnis ihrer geistigen und metaphysischen Welt.

Einige weitere Schlüssel - auch wenn es sich eher um Nachschlüssel handelt - verdanken wir der Tatsache, daß etliche Angehörige der einstige Maya-Elite nach der Eroberung ihres Landes durch die Spanier in lateinischer Schrift, jedoch in ihrer Sprache Schriftstücke religiösen oder mythologischen Inhalts verfaßten. Die wichtigste Gruppe solcher Dokumente, die hauptsächlich zwischen dem 16. und dem 18. Jahrhundert entstanden, sind die sogenannten *Libros de Chilam Balam.* Diese *Bücher des Jaguarpriesters*[1] enthalten eine meist bunte Mischung historischer, astrologischer und prophetischer Texte, geordnet nach den Zyklen der alten Maya-Kalender, welche die Konquistadoren offiziell natürlich abgeschafft hatten.

Übrigens soll der berühmteste Jaguarpriester der vorspanischen Maya, der Chilam Balam von Maní, Anfang des 16. Jahrhunderts die Ankunft bärtiger Eroberer vorausgesagt haben - eine Prophezeiung, die möglicherweise die damalige Schicksalsergebenheit vieler Maya zu erklären hilft, auf jeden Fall aber den Chilam Balam zu neuem, bis heute nicht verblaßtem Ruhm als altamerikanische Propheten verhalf.

Das Räderwerk der Zeit

Nach der Überzeugung der Maya bildeten Zeit und Raum einen unendlichen Kreislauf, in dem sich in gewissen Abständen alle wesentlichen Geschehnisse stets aufs neue wiederholten. So wie die Gestirne, und sei es nach ungeheuerlich langen Umlaufzeiten, unfehlbar an der gleichen Stelle wieder erschienen, so trafen auch Kriege, Katastrophen oder andere Ereignisse zu dem ihnen für alle Zeiten angewiesenen Datum abermals ein.

Um herauszufinden, was ihnen und ihrem Volk in der Zukunft bevorstand, mußten die Priester und der König demnach möglichst genau analysieren, was die betreffenden Konstellationen in der Vergangenheit bewirkt hatten. Hatte man (was in der Praxis jedoch kaum jemals gelungen sein dürfte) die Einflüsse, die einen Tag, einen Monat oder eine Jahreszeit prägten, vollständig bestimmt, so war man vor unliebsamen Überraschungen ebenso gefeit wie vor dem Unmut der zahlreichen Götter, die jeder an seinem Tag zu preisen und zu feiern waren.

Die Maya fühlten sich folglich in die Muster der Zeit förmlich verstrickt - in ihren Netzen gefesselt und gefangen, wenn ein furchtbares Schicksal drohte, aber wohl auch geborgen im fein gewobenen Kleid einer so schmiegsamen, so bedeutungsvollen und nuancenreichen Zeit. Kein Wunder, daß sie sich niemals auf ein - scheinbar noch so nebensächliches - Ereignis in der Vergangenheit bezogen, ohne auf das Gewissenhafteste das betreffende Datum anzugeben. Wobei die präzise Nennung neben dem wenigstens fünfstelligen Datum der Langen Zählung eine Fülle von Glyphen umfaßte, in denen die Beschwörung von Göttern der Zeiten und der Zahlen untrennbar mit mathematischen Informationen vermischt war.

Die Sphären der Welt

Ebenso wie Religion und Mathematik oder Götter und Kalenderdaten waren für die Maya auch die Welten der Menschen und der Geister unauflöslich verschränkt. Götter, Ahnen und sonstige

Geistwesen erfüllten den scheinbar leeren Raum, und sowenig die Sphären hier der Götter und Geister, dort der Menschen und Tiere eins waren, sowenig ließen sie sich nach dem christlichen Diesseits-Jenseits-Muster strikt voneinander scheiden.

Eher schon erinnern die engen Beziehungen zwischen Götter- und Menschenwelt an die olympischen Verhältnisse der antiken Griechen: Entstanden Zwistigkeiten und Unmut in der Sphäre der Götter, Geister und Ahnen, so konnte dies auf das Empfindlichste auch die Menschenwelt beeinflussen. Umgekehrt reagierten die Wesen aus der unkörperlichen Sphäre ungehalten oder gar grausam und zornig, wenn die Menschen es an Verehrung oder Gedenken mangeln ließen.

Solcher Ingrimm hat durchaus seinen mythologischen Sinn: Wie in so vielen Mythen aus der Frühzeit der Menschen herrschte auch in der Vorstellungswelt der Maya die Überzeugung, daß die Götter aus handfestem Eigeninteresse die Menschen und ihre Welt geschaffen hatten - weil sie sich von deren Ehrfurcht, von deren Opfer und Gebeten *nährten*.

Die drei Seinsbereiche

Jenseits solcher mythologischen Grundmuster beeindruckt uns die Kosmologie der Maya jedoch auch durch ihre subtilen Differenzierungen, die ihrerseits präzise mit astronomischen Beobachtungen und mathematischen beziehungsweise kalendarischen Zahlen verzahnt sind. So unterschied man nicht einfach zwischen einer Menschen- und einer Geisterwelt, der alles Göttliche oder Dämonische angehörte, vielmehr war der Kosmos der Maya in drei Weltbereiche aufgefächert:

- das Himmelsgewölbe mit seiner gewaltigen Maschinerie der göttlichen Gestirne;
- die Unter- oder Parallelwelt Xibalbá, das Reich der Unterweltgötter, der Toten und Ahnen;
- das irdische Mittelreich der Menschen, Tiere und Pflanzen

zwischen diesen beiden Götter- und Geisterwelten, das mit den beiden anderen Bereichen in stetiger Wechselbeziehung stand.

Diese Dreiteilung – mit einer steinigen »Mittelerde« zwischen den beiden Geisterwelten – erinnert um so mehr an das Konzept der altnordischen *Edda*[2], als auch nach Überzeugung der Maya eine *Weltachse* diese drei Sphären verband.

Der Weltenbaum

Nicht anders als der berühmte Weltenbaum der *Edda*, an dessen Wurzeln der Neiddrache nagt, wurzelte der immergrüne kosmische Baum der Maya in der finsteren Unterwelt. Mit seinem Wipfel ragte er bis in den lichten Himmel, während sich Stamm und Äste in der Mittelwelt erhoben. Die Maya nannten ihn *wacah chan*, was ungefähr »aufgerichteter Himmel« bedeutet: Nach ihrer Vorstellung (die sich gleichfalls in vielen frühen Mythen rund um den Erdball findet), spannten die Götter mit Hilfe dieses gewaltigen Baumes den Himmel wie ein riesiges Zeltdach auf.

Anders als in den Mythen kühlerer Landstriche und nüchternerer Völker aber war dieser Weltenbaum für die Maya weitaus mehr als ein fernes Symbol: In der numinosen Ekstase, der man durch Selbstkasteiung, halluzinogene Drogen und rituellen Aderlaß nachhalf, verwandelte der schamanische Maya-König selbst sich in den *wacah chan*, der auf dem First der Stufenpyramide emporragte wie ein wirklicher Baum auf dem Gipfel eines Berges.

Beinahe unnötig zu erwähnen, daß die Tancerituale den Maya-König in mathematisch komplexe Geisterwelten versetzten, gestaltet nach Maßgabe der nämlichen heiligen Ordnungszahlen, die auch die irdische Mathematik und Kalendermethodik der Maya beherrschten.

Als Gott den Kalender schuf

Das uranfängliche Chaos stellten sich die Maya von Yucatán als roten Edelstein vor, der alle Essenzen des Himmels sowie die Tropfen der Verwandlung enthielt. Dieser Stein war jedoch kein totes Ding, sondern mit ähnlichen Eigenschaften versehen wie der »kosmische Drache«, der sich im Zuge der Schöpfung aus dem Juwel hervorwand.

Die ersten Schritte der Schöpfung geschahen gleichsam selbsttätig, ohne Eingreifen eines Schöpfergottes: Aus dem Edelstein entstanden Sonne und Mond, das Himmelsgewölbe und die schwarzen Wasser der Unterwelt. Dann erst erschien der Schöpfer und packte in das »klaffende Maul« des Edelsteins, aus dem er ein Netz hervorzog. Dieses Edelsteinnetz *Pauahtun* aber war der Webplan für den gesamten Kosmos, der sich nun in alle vier Weltgegenden zugleich ausdehnte.

Im Webplan des kosmischen Netzes war die vollständige Weltordnung verzeichnet; indem der Schöpfergott es entfaltete, wurden auch die Götter geboren, die künftig die Schöpfung regieren sollten. Das Edelsteinnetz enthielt aber auch bereits die Ordnung der Kalendertage, der Mond- und Sonnenmonate, der vielerlei Kalender und ihrer Verschränkung zum großen Räderwerk der Zeit.

Hervorgegangen aus dem roten Edelstein des uranfänglichen Chaos, bestand die Welt der Maya aus nicht weniger als 23 Sphären: Über dem Tiefland von Yucatán spannten sich 13 Himmel, in denen die *Oxlahun-ti-ku,* die »Dreizehn der Götter«, residierten – die nämliche göttliche Dreizehn, die auch den heiligen Tzolkin regiert. Dagegen schichteten sich in Xibalbá, wo auch das Totenreich Etnal lag, neun Sphären untereinander. Und auch die in dieser Unterwelt residierenden *Bolon-ti-ku,* die »Neun der Götter«, begegnen uns im Kalendersystem der Maya wieder: als jene neun »Herren der Nacht«, die jedem Tag des Sonnenkalenders Haab seine eigene düstere Färbung gaben.

Die zwischen beiden Götter- und Geisterwelten verbleibende 23. Sphäre aber war die Menschenwelt der Maya.

Kampf der Kalendergötter

Nach der Überzeugung der Maya war der Weltschöpfung, in der sie selbst lebten, bereits ein Universum[3] vorausgegangen. Gegen Ende dieser noch menschenlosen Schöpfung kam es zu einer verwirrenden und gewaltsamen Auseinandersetzung zwischen den Himmelsgöttern - den himmlischen Dreizehn oder *Oxlahun-ti-ku* - und den neun Unterweltgöttern oder *Bolon-ti-ku,* von dem uns im visionären Buch des Jaguarpriesters von Chumayel erzählt wird:

Es war *Katun 2 Ahau* (ein sehr frühes Datum), als die Gesichter der Oxlahun-ti-ku durch die Bienengötter Ah Mucencab geblendet wurden. Dann wurden die himmlischen Dreizehn von den neun Unterweltgöttern Bolon-ti-ku ergriffen: Ihre Schädel wurden verwundet, ihre Gesichter zerdrückt; man spuckte auf sie und warf sie auf den Rücken. So mußten sie ohnmächtig hinnehmen, wie die irdische Schöpfung ihren Lauf nahm: Keime und Knollen so nützlicher Pflanzen wie des Yaxum-Baums und der Lima-Bohne fielen vom Himmel, vor allem aber eine Menge Maiskolben, die sich mit ihren Spitzen in die Erde bohrten.

Dann wurde den Göttern der Dreizehn auch noch ihr Zepter entrissen und das schwarze Pulver, mit dem sie Donnerwolken erzeugten. Im selben Moment ergoß sich ein Schwall Wasser auf die Erde, dann stürzte der Himmel hinab, und damit war das erste Universum zerstört. Doch dann wurden der neue Weltenbaum aufgerichtet und die vier Bacabes[4], trugen von nun an den Himmel im Osten und im Westen, im Süden und im Norden. Als Herrscher über diese Welt wurde ein Unterweltgott namens Ah Uuc Cheknal eingesetzt – dann erst dämmerte der Morgen über der Schöpfung der Welt ...[5]

Die 13 Himmelsgötter (oder auch: die göttliche Dreizehnfaltigkeit) zählen, wie gesagt, zu den mächtigsten Regenten des heiligen Kalenders Tzolkin, während die neun Unterweltgötter als ebenso viele »Herren der Nacht« den Sonnenkalender Haab mitregieren. Daher sollten wir den hier geschilderten frühen Zusammenstoß der beiden Götterfraktionen vor allem als *Konflikt zweier Zeitkonzepte* verstehen, der mit Zerstörung und Untergang der alten Schöpfung endete. Sozusagen als Kompromiß zwischen den beiden Götterfraktionen sah die neue Weltordnung der Maya schließlich den doppelten Kalender vor: Er räumte sowohl den neun Herren der Unterwelt (im Haab) als auch den 13 Himmelsregenten (im Tzolkin) gebührende Macht über die irdischen Verhältnisse ein; in der Kalenderrunde wurden die beiden Komponenten gleichberechtigt verzahnt.

Damit vermittelt das Kalendarium der Maya uns aber auch eine Ahnung von der übernatürlichen *Bedrohung*, die ständig über ihrer Welt schwebte und unter ihr lauerte: Offenkundig entsprang ihr kompliziertes Kalendersystem auch dem verzweifelten Bemühen zu verhindern, daß die geschaffene Welt abermals zermalmt würde zwischen den Sphären der rivalisierenden Götterfraktionen.

Holzköpfe und Maismenschen

Nachdem der Schöpfergott, wie wir oben hörten, durch Herausziehen des Edelsteinnetzes den großen Kosmos mit dem Räderwerk der Gestirne geschaffen hat, tritt ein zweiter Gott auf den Plan. Im *Popol Vuh* heißt er »Former«; unschwer erkennen wir ihn als einen der ausführenden oder demiurgischen Götter, die uns in den Schöpfungsmythen vieler Völker begegnen.[6] Doch die Schöpfung irdischer Lebewesen geht im Maya-Mythos weniger glatt vonstatten, als Schöpfer und Former dies erhofft haben mögen:

Zunächst erschaffen sie die Tiere. Als sich jedoch herausstellt, daß diese nur schnattern und zischen, brüllen und gackern, indessen kein verständliches Wort sprechen können, sind die Götter enttäuscht und verkünden den Tieren: »Ihr waret nicht fähig, uns anzubeten und anzurufen. Darum werden wir andere schaffen, die uns willig sind.«[7]

Vergeblich flehen die Tiere um Erbarmen: Ihr Schicksal ist es künftig, von jenen geopfert und geschlachtet zu werden, welche die Götter im zweiten Versuch erschaffen wollen. »Schon naht die Morgenröte!« verkünden Schöpfer und Former. »Laßt uns denn ein Wesen schaffen, das gehorsam sei und ergeben und uns nährt und erhält.«[8]

Wie der alttestamentarische Gott Jahwe formen sie nun des Menschen Fleisch aus Lehm. Aber in der feuchten Hitze des Dschungels scheint dieses Material wenig geeignet zu sein: Das geschaffene Wesen schwindet dahin, ist ohne Bewegung und Kraft. »Das Haupt hing zu einer Seite, der Blick war verschleiert ... Wohl sprach es, aber es hatte keine Vernunft.«[9] Im hernieder stürzenden Regen löst sich die lehmige Kreatur kurz danach vollends auf.

Daraufhin wird der Rat der Urgötter einberufen, doch auch die ältesten Weisen des Universums – allen voran die göttliche Urmutter Ixmucané – vermögen »Erzeuger und Former« noch nicht aus ihrer schöpferischen Verlegenheit zu befreien: Sie empfehlen, »Wesen aus Holz« zu schaffen, und prophezeien, daß diese imstande sein würden, die Götter zu verehren. Unglücklicherweise schlägt auch dieser Versuch fehl:

»Sie lebten und bevölkerten die Erde, Söhne und Töchter hatten die Wesen aus Holz. Aber sie hatten keine Seele, keinen Verstand, sie erinnerten sich nicht des Schöpfers und Formers.«[10]

Zufolge dem *Popol Vuh* erlitten die Menschen aus Holz daraufhin ein Schicksal, das auch der ersten Menschheit des Alten Testamentes widerfuhr: Sie wurden von den Göttern ausgelöscht, und zwar durch eine Sintflut. Nur wenige von ihnen überlebten, und deren Nachfahren sind die Affen, die bis heute im Dschungel leben: menschenähnlich, doch anscheinend ohne Seele und ohne Verstand.

Erst als sich die Götter abermals zu einer Ratssitzung versammeln, kommt ihnen die Erleuchtung, woraus des Menschen Fleisch zu schaffen sei: »Aus Maisbrei[11] machten sie die Arme und Beine des Menschen. Einzig Maismasse trat in das Fleisch unserer Ahnen«.[12]

Das Ergebnis dieses neuerlichen Schöpfungsversuchs übertrifft sämtliche göttlichen Erwartungen: Die aus Mais geschaffenen Menschen sind nicht nur schön und vernunftbegabt; sie können auch weitaus mehr sehen und verstehen, als die Götter ihnen zubilligen möchten. Aus Furcht, daß der Mensch nicht bloßes Machwerk, sondern ihnen, den Göttern, an Macht und Einsicht gleich sein werde, beschließen die Himmlischen daher, die Augen des Menschen zu verschleiern: So können die Maiskreaturen fortan nur noch sehen, »was ihnen nahe und was klar ist«.[13]

In der Folge war die gesamte Religion und Mathematik der Maya ein ehrfurchtgebietender Versuch, diesen von den Göttern verhängten Mangel mit menschlichen Mitteln wettzumachen. So lernten sie, in der visionären Ekstase, hervorgerufen durch psychotrope Rituale, den Schleier vor ihren Augen zu durchdringen – und mit Hilfe ihres vielrädrigen Kalendersystems, das dem Kundigen durch mathematischen Zauber doch noch die Geheimnisse der Götter offenbarte.

3
Zahlen und andere Götter

Westliche astrologische Systeme können uns allenfalls eine blasse Vorstellung von den komplexen Einflüssen vermitteln, die nach Ansicht der Maya auf jeden einzelnen Tag des Kalenders einwirkten. Zumindest Dutzende, möglicherweise auch Hunderte von Göttern und anderen Geistwesen prägten jedem Tag ihre Stempel auf. Aus der Sicht der Maya konnte daher selbst der komplexeste Kalender allenfalls ein Notbehelf sein, mit dessen Hilfe sich die wichtigsten dieser göttlichen Einflußgrößen erfassen und durch Kombination gewichten ließen.

In diesem Kapitel werden wir einige Götter des Maya-Olymps etwas näher kennenlernen – und hierbei abermals auf Überlieferungslücken stoßen, die unsere Chancen schmälern, den Maya-Kosmos vollständig zu enträtseln.

Indessen kann der mythologisch geschulte Beobachter allein schon aufgrund der Gesellschaftsordnung, welche die Maya in klassischer Zeit entfalteten, mit hoher Wahrscheinlichkeit auf einige Charakteristika ihrer Göttermythen schließen: Mit der Inthronisierung von irdischen Gott- oder Sonnenkönigen geht auf mythologischer Ebene fast unfehlbar die siegreiche Revolution eines jungen Sonnengottes und seiner lichten Gefolgschaft einher, durch welche die alte Göttergeneration gestürzt oder doch partiell entmachtet wird. In der Überlieferung des gesamten Erdkreises werden die alten Götter typischerweise von einer kosmischen Urgöttin angeführt, die meist als »Drache« dargestellt wird, von hermaphroditischem Wesen und meist auch mit den Todes- und sonstigen Unterweltgöttern im Bunde ist. Entwicklungsgeschichtlich betrachtet, stellen Mythen dieses Musters die »Ablösung von den Müttern« und die Installation eines »männlichen Prinzips« dar, also die Anfänge von Ich-Bewußtsein und Individuation.

Tatsächlich können wir auch im *Popol Vuh* oder *Buch des Rates*, dem tiefgründigen Mythenbuch der Maya, die Umrisse solcher Götterkämpfe erkennen, deren babylonische, griechische oder vedische Varianten ich in meinem Buch *Drachenwelt* ausführlich dargestellt habe. Anders als in den meisten anderen Mythen unseres Planeten handelt es sich bei den Maya jedoch zugleich um Götter ihrer Mathematik und Kalendersysteme, deren Ordnung und Zahlenmagie die heroischen Götterjünglinge gegen den Naturzauber der alten Götter ins Feld führen.

Aufstand gegen Urgöttin Ixmucané

Diese Auseinandersetzung zwischen den Göttergenerationen verlegt der Maya-Mythos noch vor die Schöpfung unserer heutigen Welt, also auch vor die Erschaffung von Sonne und Mond. Indessen erkennt der Mythenkundige ohne Mühe, daß die Maya-Urgottheit Ixmucané (oder *Mam*) in vielerlei Hinsicht etwa der alten Göttin Gaia im vorolympischen Griechenland oder der babylonischen Urdrachin Tiamat ähnelt. Sie alle erscheinen zwar als *weibliche* Gottheiten; betrachtet man sie jedoch genauer, so handelt es sich um hermaphroditische Urgötter, die den Zustand des urweltlich Ungeschiedenen verkörpern – sozusagen jene frühe Kindheitsphase, da der Einzelmensch wie auch die Menschheit insgesamt sich als eins mit dem »mütterlichen Prinzip« empfand.

Im Zeichen dieser hermaphroditischen Alten, der Zauberin und Bildnerin, Herrin der fahlen Nachtwelt, befindet sich auch die Welt des *Popol Vuh*, ehe die männlichen Zwillingsheroen des Maya-Mythos in Erscheinung treten: Ixbalanqué, der Kalendergott des 14. Tzolkin-Tages Ix, sowie sein Bruder Hunahpú oder Ahau – der junge Sonnengott der Maya und Kalendergott des »nullten« oder Schöpfungstages.

Das Scheitern der Väter: Einsjäger und Siebenjäger

Hunahpú und Ixbalanqué sind die Enkel der Urgottheit Ixmucané. Der Vater dieser beiden Heldenbrüder hieß Einsjäger; auch er hatte einen Zwillingsbruder, Siebenjäger genannt: Wie diese Namen verraten, verkörpern die Söhne der Urmutter bereits erste Anfänge jener »männlichen« Mathematik- und Kalenderordnung, deren Zahlenzauber die Maya als Waffe gegen die »mütterliche« Welt der Ur- und Naturgottheiten aufboten. Während aber Einsjäger und Siebenjäger in diesem Kampf noch scheitern, werden die Söhne Hunahpú und Ixbalanqué für den Tod ihrer »Väter«[1] furchtbare Rache üben.

Die große Leidenschaft der Maya war (neben Kalendern und ritueller Ekstase) ein kompliziertes Ballspiel, das mit zeremoniellem Gepräge, aber wohl auch mit sportlichem Ehrgeiz und Freude am schieren Spiel ausgetragen wurde. Bereits im frühen Mythos um die Zwillinge Einsjäger und Siebenjäger kommt diesem Ballspiel eine zentrale Rolle zu: Die schaurigen Todesgötter – die so entmutigende Namen wie Einstod und Siebentod, Knochenbrecher und Schädelzertrümmerer, Aassammler und Durchbohrer tragen – fordern die Menschenzwillinge zum Match in der Unterwelt Xibalbá heraus.

Als ihre Söhne die Herausforderung annehmen und sich von Ixmucané verabschieden, weint diese herzzerreißend –

wohl deshalb, weil sie weiß, daß die Unterweltgötter die Zwillinge töten werden. Auch ohne daß dies ausdrücklich gesagt wird, ist die alte Urgöttin mit den Unterweltgöttern verbündet: Wie in allen Mythen dieser frühen Stufe sind Geburt und Tod - Fruchtbarkeits- und Todesgötter - im Zeichen des archaischen Kreislaufs von Werden und Vergehen eins.[2] Umgekehrt richtet sich daher der Kampf der Söhne gegen die Herren von Xibalbá stets auch (wenngleich insgeheim) gegen Urmutter Ixmucané.

Indessen, so beschwichtigt uns der Mythos, fordern die Unterweltgötter die Zwillinge nur deshalb heraus, weil sie nach deren »Ballspielausrüstung« gieren. Auch dieses scheinbar kindische Begehren hat jedoch seinen symbolischen Sinn: Der Zierat der Jünglinge - penibel aufgezählt[3] als Schenkelschutz und Halsring, Handschuhe und Kopfschutz, Gesichtsmaske und Kautschukball - muß die alten Gottheiten erzürnen, da er »männliche« Befreiung vom Regime der Mütter repräsentiert. Überhaupt steht das Ballspiel für Auflehnung gegen die archaische Ordnung: Der im Halbkreis durch die Luft fliegende Ball symbolisierte für die Maya selbst wohl vor allem anderen die Sonne, das »männliche« Gestirn.

Tatsächlich kommt es in Xibalbá gar nicht erst zu dem Spiel, um dessentwillen die Zwillinge herbeigeeilt waren. Vielmehr zermürben die Todesgötter die beiden Heroen mit demütigenden Listen, deren geheimer Nenner die *Beherrschung des Feuers* zu sein scheint: Sie befehlen ihnen, sich auf Steinbänke zu setzen, die so glühend heiß sind, daß die Zwillinge beinahe in Flammen aufgehen, und überreichen ihnen einen brennenden Span sowie für jeden eine brennende Zigarre mit der Maßgabe, eine Nacht lang weder den Span noch die Zigarren erlöschen zu lassen.[4]

Da die Zwillinge nicht verhindern können, daß Span und Zigarren ausgehen, werden sie am folgenden Morgen von den Todesgöttern kaltherzig in Stücke gehackt. Auch diese Strafe ist mythographisch plausibel: Angetreten, um die Herrschaft des Sonnengottes über die alte Mond-Ahnin, des Lichtes über die Finsternis, der Zahlenmagie über den Naturzauber durchzusetzen, scheitern Einsjäger und Siebenjäger doch an der elementaren Aufgabe, das Feuer - die gezähmte Sonne - zu beherrschen.

Daraufhin werden sie von den Unterweltgöttern getötet, die Einsjäger überdies den Kopf abhacken. Indem die Herren von Xibalbá den Schädel des toten Helden in einen Baum am Wegesrand hängen, schließen sie nebenher den oben erwähnten Kreislauf von Vergehen und Wiedererstehen, Unter- und Oberwelt: »Kaum hatte man den Kopf in den Baum gesetzt, da bedeckte sich dieser mit Früchten. Niemals hatte er Frucht getragen, bevor man den Kopf von Einsjäger in seine Äste gesetzt hatte.«[5]

Als nun aber Leben aus dem Todesbaum sprießt, entgleitet er der Herrschaft von Mam-Ixmucané und wird zum Zauberbaum einer künftigen Generation junger Götter. Diese wird sich noch einmal - und mit größerem Erfolg - gegen die Alten erheben und zugleich für die Ermordung von Einsjäger und Siebenjäger Vergeltung fordern.

Die Rache der Söhne: Hunahpú und Ixbalanqué

Der in stetem Kreislauf grünende, sich entblätternde und neuerlich sich belaubende Baum ist das Urbild der archaischen Einheit von Werden und Vergehen. Auch das christliche Symbol des Kruzifix mit dem sterbenden und wiederauferstehenden Christus leitet sich von diesem uralten Naturbild ab. Verblüffenderweise kombiniert bereits der Maya-Mythos um die heroischen Zwillinge das Kruzifix- und Wiederauferstehungs-Motiv mit dem ebenso einschlägigen Motiv der unbefleckten Empfängnis:

Nicht lange nach der Ermordung von Einsjäger und Siebenjäger wandelte die Jungfrau Ixquic zu jenem Baum, in dessen Ästen der Schädel des toten Heroen hing. Sie zeigte sich entzückt über die vermeintliche Überfülle köstlicher Früchte, die der Baum trug, doch noch ehe sie eine pflücken kann, warnte sie der Totenkopf: »Diese runden Dinge an allen Ästen sind nichts als Schädel. ... Gelüstet es dich danach?«[6]

Die unerschrockene Jungfrau bejahte – worauf uns der Erzähler des Mythos rasch seine Version der »unbefleckten Empfängnis« schildert:

»Strecke mir deine rechte Hand entgegen!« wies der Schädel die Jungfrau an. Als sie das tat, »spritzte der Schädel einen Strahl Speichel mitten auf die Handfläche der Jungfrau. Die schaute nachdenklich in ihre Hand, aber der Speichel des Schädels war verschwunden.« Doch nach Empfang dieses »Liebespfandes« war die Jungfrau Ixquic schwanger.[7]

Der Vater des Mädchens, erzürnt über die vermeintliche »Dirne«, ließ sich ausgerechnet von Einstod und Siebentod raten, was er nun unternehmen solle. Selbstverständlich empfahlen die beiden Todesgötter, die Schwangere zu züchtigen und sodann zu opfern. Aber Ixquic konnte ihre Häscher überreden, den Mordbefehl nicht auszuführen: Gemeinsam überlisteten sie die Todesgötter, die fortan nichts mehr gegen den Lauf der Dinge zu unternehmen vermochten.

Daraufhin trat Ixquic, die beiden wundersam empfangenen »Söhne im Leibe«, vor die Ahnin Ixmucané und erklärte ihr: »Ich bin eure Schwiegertochter und eure Tochter, Frau Mutter.«[8]

Zu dieser Zeit lebten jedoch schon zwei gefügige Enkel, Einsaffe und Einsmeister genannt, bei der Ahnin – Söhne, die Einsjäger zeugte, ehe man ihn in der Unterwelt in Stücke hieb. Von zwei weiteren, zudem auf so fragwürdige Weise empfangenen Enkeln wollte Ixmucané daher nichts wissen. »Woher kommst du?« schrie sie die sonderbare Schwiegertochter an. »Und wo sind meine Söhne? Starben sie etwa nicht in Xibalbá?«

Kampf der Göttinnen

Damit der Zorn der Urmutter vollends verständlich wird, möchte ich an dieser Stelle darauf hinweisen, daß es sich bei der schwangeren Jungfrau Ixquic um niemand anderen als die (künftige) *junge Mondgöttin* handelt - sozusagen die designierte Nachfolgerin der Ahnin Ixmucané, deren Tage unumschränkter Macht hier schon ebenso gezählt sind wie die der Herren von Xibalbá.

Vergeblich versuchte die Alte, sich durch allerlei Listen und Beschimpfungen der jungen Rivalin zu entledigen. So forderte sie Ixquic auf, ein ganzes Maisnetz voll Nahrung zu beschaffen - eine Aufgabe, die unerfüllbar schien und welche die Jungfrau doch lösen konnte, da ihr eine weitere junge Gottheit zu Hilfe eilte: der junge Maisgott Ixcacawixtziya[9].

Schließlich brachte Ixquic die Zwillinge zur Welt, woraufhin Mam-Ixmucané aber vollends die Maske fallen ließ und ihr bislang verhohlenes Bündnis mit den Todesgöttern offenbarte: »Setze die Knaben aus!« befahl sie der Schwiegertochter. Diese mußte gehorchen, denn neben der Ahnin machten auch Einsmeister und Einsaffe, die beiden älteren Söhne von Einsjäger, Front gegen sie und ihre Kinder. Doch Hunahpú[10] und Ixbalanqué, die künftigen Himmels- und Kalendergötter, überlebten mit wundersamem Geschick jeden Anschlag auf ihr Leben und wuchsen im Haus der Ahnin heran, wie schwer ihre älteren, der Urgöttin gefügigen Brüder ihnen auch das Leben machten.

Eines Tages aber, als die Alte sie wieder einmal ingrimmig beschimpfte, beschlossen die Zwillinge den Untergang ihrer älteren Brüder. »Wir werden diesem Leben-für-den-Bauch ein Ende setzen«, sagten sie, so ihre notdürftigen Lebensumstände, aber mehr noch die »Welt der Mütter« insgesamt kennzeichnend und verwerfend. Dann verzauberten sie ihre älteren Brüder in jene Tiere, deren Bezeichnung der eine stets schon im Namen trug: in Brüllaffen.[11]

Zum Abschluß dieses ersten Racheaktes erteilen die nun zu Jünglingen herangewachsenen Zwillinge ihrer Ahnin Ixmucané bereits Anweisungen, die erkennen lassen, wieviel Macht die Urgöttin schon eingebüßt hat.[12] Dabei steht der eigentliche Schlag des »männlichen Prinzips« gegen die alten Ur- und Naturgötter erst noch bevor - ein Rachefeldzug gegen die Unterwelt Xibalbá, der bezeichnenderweise mit dem Wiederauffinden des Ballspiels der Väter beginnt.[13]

Tollkühne Taten in Xibalbá

Kaum hatten Hunahpú und Ixbalanqué begonnen, mit dem Ball zu spielen, da beschwerten sich die Unterweltgötter wegen des Lärms über ihren Köpfen. Die Zwillinge wurden aufgefordert, zum Ballspiel nach Xibalbá zu kommen, und nahmen ebenso wie einst ihre Vorfahren die Herausforderung an.

Aber Ixbalanqué und Hunahpú gingen in jeder Hinsicht listiger vor als einst Siebenjäger und Einsjäger. Ähnlich dem griechischen Heroen Perseus bei seinem Gang in die Höhle der Medusa verfügten sie zudem über zauberkräftige Hilfsmittel. So schickten sie auf dem Weg nach Xibalbá eine »Schnake« voran, die alle Unterweltherren stechen sollte und sich später als wundertätiges Schenkelhaar Hunahpús herausstellte.[14]

Auch fielen sie, anders als ihre Vorfahren, auf die Tücke der Todesgötter nicht herein: Sie setzten sich nicht auf die glühend heiße Bank, und als man sie anwies, den brennenden Span und die glimmenden Zigarren eine ganze Nacht lang zu hüten, vertauschten sie den Kienspan gegen feuerfarbene Schwanzfedern eines Papageis und befestigten Glühwürmchen an den Enden der Zigarren. Den Herren von Xibalbá fuhr der Schreck in die Glieder, als sie am nächsten Morgen erkennen mußten, daß die Jünglinge ihnen getrotzt hatten.

In der Folge errangen Hunahpú und Ixbalanqué noch eine Reihe von Siegen gegen die Unterweltgötter: Sie überstanden die grimmige Kälte im »Haus des Frostes« und überlisteten die Raubtiere im »Haus der Jaguare«; sie widerstanden sogar den Flammen im »Haus des Feuers« - während ihre Vorfahren gerade an diesem wilden Element gescheitert waren.

Ballspiel mit einem Götterschädel

Selbst im Fledermaushaus, wo der Todesvampir lebte, hätten sie den Unterweltgöttern trotzen können, aber sie »ließen als Offenbarung geschehen«, daß die Todesfledermaus Hunahpú den Kopf abriß. Da frohlockten die Todesgötter und ließen den Schädel auf dem Ballspielplatz zur Schau stellen, auf daß alle Herren von Xibalbá sich an der Trophäe ergötzten.[15]

Mit Hilfe verschiedener Geistwesen konnte Ixbalanqué die Unterweltgötter jedoch ein weiteres Mal überlisten: Ein Kürbis wurde zum Ersatzkopf des Enthaupteten verzaubert und diesem auf den Hals gesetzt. Als sich die Herren von Xibalbá am folgenden Tag abermals mit den Heroen im Ballspiel maßen, gelang es Ixbalanqué und seinen Helfern[16], den Kürbis unbemerkt gegen das wahre Haupt Hunahpús zu vertauschen. Anstelle des Heldenkopfes schmetterte Ixbalanqué den verblüfften Totengöttern den ausgehöhlten Kürbis vor die Füße - möglicherweise eine mythologische Urszene der Maya, die im rituellen Ballspiel immer wieder nachgespielt wurde.[17] Denn die heroischen Zwillinge Ixbalanqué und Hunahpú brachten sodann in weiteren tollkühnen Abenteuern die Herren von Xibalbá vollends zur Strecke und fügten so der gesamten Schar der alten Götter eine Niederlage zu, die deren »Macht und Glanz« für alle Zeiten brach.

»So nahmen sie Abschied, nachdem sie ganz Xibalbá besiegt hatten. Hierauf mitten ins Licht stiegen sie, zum Himmel erhoben sie sich sogleich. Zur Sonne wurde Hunahpú, zum Mond Ixbalanqué. Und so füllte Licht die Kuppel des Himmels und das Angesicht der Erde.«[18]

Sollte es uns nach alledem wundern, daß die wesentlichen Akteure dieser mythischen Dramen in den Rang von Zahlen- bzw. Kalendergöttern der Maya erhoben wurden?

Die zuweilen wunderlichen Wege der Forschung sorgten allerdings dafür, daß die zahlenmagischen Gottheiten der Maya zwischenzeitlich in ein Reich entführt wurden, das ganz und gar nicht von ihrer Welt zu sein scheint: Im 19. Jahrhundert schufen Maya-Wissenschaftler ein Götter-ABC.

4

Ein göttlicher Countdown

Der systematische Geist Ernst Förstemanns, des Königlichen Bibliothekars von Dresden, weht uns auch in der bis heute gültigen Klassifizierung der Maya-Götter an, die sein Mitarbeiter Paul Schellhas im Jahr 1897 publizierte. Da die erhaltenen Kodizes bei weitem nicht alle mythologischen Informationen enthielten, die man für eine Rekonstruktion des Pantheons der Maya benötigt hätte, schlug Schellhas vor, die Götter schlichtweg mit Einzelbuchstaben unseres Alphabets zu benennen.

Indem dieses Konzept allgemeine Zustimmung erfuhr, zogen die Maya-Forscher weltweit die Konsequenzen aus den schmerzlichen Überlieferungslücken, die seit dem Autodafé von Maní klafften: Weder vermochten die Wissenschaftler vor einhundert Jahren die Götterglyphen zu lesen (viele von ihnen sind bis heute nicht entziffert), noch konnte man in der Regel beurteilen, ob verschiedene Götterbilder ein und denselben Gott in wechselnden Situationen und Lebensaltern oder aber verschiedene Gottheiten zeigten. Bedenken wir, wie stark etwa die aus dem antiken Griechenland überlieferten Darstellungen von Zeus oder Pallas Athene variieren können, so leuchtet sogleich ein, daß es aussichtslos wäre, diese Bildnisse ohne leserliche Begleittexte (auf Papier oder in Stein) exakt zuzuordnen – geschweige denn, die abgebildeten Szenen so zu deuten, wie sie im zugrunde liegenden Mythos geschildert wurden.

Kurz gesagt: Infolge des Kahlschlags am kulturellen Erbe der Maya, den katholische Eiferer im 16. Jahrhundert verübten, rubrizieren wir bis heute die Götter der Maya so ehrlich wie erbärmlich als »Gott A«, »Gott B« und so fort. Mittlerweile konnten zwar einige der Götternamen entschlüsselt und in den verschiedenen Koordinatensystemen der Maya (als Tzolkin-, Haab- oder Zahlengötter) halbwegs sicher eingeordnet werden; aber unser Wissen über die Götter der klassischen Maya ist nach wie vor lückenhaft.

So herrscht nicht einmal Einigkeit über die Frage, wie viele Götter einst den Pantheon der Maya bevölkerten - ob nun Hunderte, wie etliche Forscher postulieren, oder lediglich zirka dreißig, wie andere Wissenschaftler annehmen. Für welche Antwort wir uns entscheiden, hängt unter anderem davon ab, ob wir uns entschließen können, Götterbilder aufgrund wiederkehrender Merkmale (und trotz teilweise krasser Abweichungen in anderen Details) zu Darstellungen eines einzigen Gottes zusammenzufassen - oder ob wir, »atomistischer« gestimmt, davon ausgehen, daß schon geringfügige Abweichungen auf völlig unterschiedliche Götter schließen lassen.[1]

Weitgehende Einigkeit besteht jedoch - neben der Übereinkunft, die übernatürlichen Personen mit Schellhas als »Gott A« usw. zu bezeichnen - hinsichtlich zweier Charakteristika, die zumindest eine grobe Untergliederung der Götterwelt erlauben. Diese Merkmale sind

- das Geschlecht der Götter und
- die Zugehörigkeit zu einer der beiden Generationen des Maya-Pantheons.

Das Geschlecht der Götter

Der Anteil an weiblichen Gottheiten ist bei den Maya ausgesprochen gering - lediglich zwei Hauptgöttinnen stehen einer gewaltigen Schar bedeutender männlicher Götter gegenüber.

Diese Proportionen scheinen darauf hinzudeuten, daß der Aufstand der jungen Götterheroen dem »männlichen Prinzip« (wie im Himmel, so auf Erden) bei den Maya zu dauerhafter Vorherrschaft verhalf.

Im übrigen sind die Namen der beiden überlieferten Göttinnen an dieser Stelle keine Überraschung mehr: Es handelt sich um Ixquic (oder Ixchel), die junge Mondgöttin und Mutter der heldenhaften Götterzwillinge Ixbalanqué und Hunahpú, sowie um Urmutter Mam oder, wie der Mythos sie nennt, Ixmucané.[2]

Göttliche Generationen

Bereits die Ikonographie der klassischen Götter erhellt mit wünschenswerter Deutlichkeit, daß das Pantheon der Maya in zwei Generationen zerfällt. Da die Schriftkundigen, welche die überlieferten Kodizes anfertigten, mit äußerst geringen Abweichungen dieselben ikonographischen Merkmale verwendeten, kann man selbst anhand dieser dürftigen Datenbasis signifikante Unterschiede zwischen alten und jungen Göttern festlegen:

Die alten Götter

- tragen sonderbare, durch Halbkreise und Punkte angedeutete Frisuren, die allerdings häufig durch verschiedenartigen Kopfputz verdeckt werden,
- haben in der Regel stilisierte U-förmige Tränensäcke unter den Augen und
- werden stets mit großen Nasen, eingefallenen Wangen und häufig zahnlos dargestellt.

Dagegen entsprechen die jungen Götter dem Schönheitsideal der klassischen Maya:

- mandelförmige Augen,
- hohe Stirn und
- lange, kräftige Nase.[3]

Sonderbarerweise bilden die jungen Götter eine Minderheit gegenüber der weit überwiegenden Zahl alter Gottheiten. Wie läßt sich dieses quantitative Übergewicht der alten Götter erklären? Steht es nicht im Widerspruch zum Sieg der jungen Göttergeneration, von dem das *Popol Vuh* berichtet?

Um diese Fragen beantworten zu können, bräuchten wir weitaus mehr Informationen, als die entzifferten Inschriften und die erhaltenen Kodizes uns liefern können. Solange wir nur wenige gesicherte Aussagen zur Bedeutung der einzelnen Götter und zu den Zeiträumen und Konstellationen machen können, in welchen ihnen diese Bedeutung zukam, vermögen wir auch keine seriösen Schlußfolgerungen aus der Anzahl junger bzw. alter Götter in den überlieferten Dokumenten zu ziehen: Wenn eines Tages auch nur ein einziges weiteres Schriftstück aus dem Klassikum oder Postklassikum der Maya auftauchen sollte, könnte dies die quantitative Gewichtung der Götter in den erhaltenen Kodizes erheblich relativieren oder völlig auf den Kopf stellen.

Die vorhandene Datenbasis ist also ganz einfach zu schmal, die Herkunft der Daten zu sehr dem Zufall anheimgegeben, als daß wir allein hieraus irgendwelche weitreichenden Schlüsse ziehen dürften. Zieht man allgemeine mythengeschichtliche Zusammenhänge heran, müssen wir sogar vermuten, daß die statistische Minorität überlieferter junger Götter die tatsächlichen mythologischen Verhältnisse im Klassikum der Maya erheblich verzerrt: Allein schon das Gottkönigtum dieser Periode läßt – wie gesagt – mit hoher Wahrscheinlichkeit einen männlichen Sonnengott an der Spitze einer Götterhierarchie erwarten, in der die alten Gottheiten zwar traditionsbewußt in Ehren gehalten werden, aber nur noch untergeordnete Rollen spielen.

Betrachten wir nun mit der gebührenden Ehrfurcht und Aufmerksamkeit einige der (mutmaßlich) wichtigsten Götter der klassischen Maya. Anstatt uns an das Schellhas'sche Götteralphabet zu halten, werden wir allerdings eine Systematik wählen, die unserer Kalenderthematik sehr viel angemessener ist: den heiligen Countdown der Götter von *Gott Zehn* bis *Göttin Eins*.

Herr Zehn – der alte Todesgott

In den Kodizes wird er meist als Skelett mit Totenkopf dargestellt wie der »Sensenmann« des europäischen Mittelalters. Seine Rippen und die Wirbelsäule liegen bloß, und wo er noch Fleisch auf den Knochen trägt, ist es von Faulgasen aufgebläht und die Haut mit schwarzen Flecken übersät.
So viele Todesgötter schon das *Popol Vuh* kannte, in so viele Gestalten kann auch »Ahpuch«, wie ihn die Maya nennen, sich verwandeln: Hinter jeder tödlichen Krankheit, jeder Vergiftung, jedem mörderischen Pfeil oder Axthieb verbirgt sich stets nur er. Als Schmuck bevorzugt er Ohrgehänge aus Knochen oder zerfetztem Tuch sowie einen schauerlichen Halskragen, der mit Leichenaugen gespickt ist. Insbesondere auf Keramiken aus klassischer Zeit wird der Todesgott häufig auch als tanzendes Skelett dargestellt.

Gott A, wie er in Schellhas' Götter-ABC heißt, gehört der alten Göttergeneration an: Ihn vermochten die jungen Götterheroen nicht zu stürzen, doch das Schicksal von Ixbalanqué und Ahau, die (wie Jesus Christus oder der zorastrische Mithra) den Tod überwanden, ließ wohl auch die Maya hoffen, daß Ahpuch nur ihren Leib, nicht ihre Seele zerfressen könne.

Teils skelettiert, teils schwarz gefleckt stellt der Kodex Dresden den Todesgott dar.

 = (10)

Der Skelettschädel des Todesgottes bildete die Kopfvariante der Zahl Zehn.

Schrieben die Maya die Zahl 10 nicht als zwei Querbalken, sondern – wie meist in der Langen Zählung – als Kopfvariante, so verwendeten sie das Profil des Todesgottes. Noch das heutige Maya-Wort für »zehn« – *lahun* –, erinnert an den finsteren Regenten dieser Zahl: *lah* bedeutet »Ende«.

Herr Neun – der junge Gott CH

Für die klassischen Maya muß er ein höchst bedeutungsvoller Gott gewesen sein – hätte er sonst die *Neun* regiert, die neben der Dreizehn und der Zwanzig heiligste Zahl des alten Mesoamerika? Welche Eigenschaften genau er im Pantheon der Maya verkörperte, konnte allerdings bis heute nicht schlüssig geklärt werden – und es besteht wenig Hoffnung, daß sich diese Lücke eines Tages noch schließen läßt. Denn zumindest das läßt uns die Ikonographie dieser Gestalt erahnen: Gott CH (wie er im Götter-ABC heißt) verdankt seine Entstehung offenbar der Verschmelzung älterer Göttergestalten und scheinbar widersprüchlicher Attribute zu einer Gottheit von verwirrender Komplexität.

Fest steht immerhin, daß er der jungen Göttergeneration angehört. Daß er als Verkörperung von *Bolon-ti-ku*, der neunfaltigen göttlichen Unterwelt, gleichwohl eine düstere Erscheinung

Der »Stirnbandzwilling« Yax-Balam scheint ein Vorläufer sowohl des Götterheroen Ixbalanqué als auch des eher negativ besetzten Gottes CH zu sein.

ist, leuchtet durchaus ein. Aber warum wird er überwiegend mit jenen negativen Kennzeichen dargestellt, die sonst stets auf einen Totengott deuten? War die Unterwelt denn für die Maya nicht zugleich das »Reich der Mütter«, der »Schoß der Erde«, aus dem das Leben sprießt? Dessen ungeachtet bevorzugt Herr Neun nicht anders als Herr Zehn, der personifizierte Tod, Kragen voller Leichenaugen und liebt es überdies, seine Ohren mit Knochen oder Stoffetzen zu schmücken. Auch die schwarzen Verwesungsflecken auf seiner Haut lassen ihn als jüngeren Gehilfen des alten Totengottes erscheinen.

Auf der anderen Seite aber leitet er sich offenkundig von einer Gestalt ab, die im Mythos der Maya gerade als Überwinder des Totenreichs verehrt wurde: von keinem anderen als dem jungen Mondgott Ixbalanqué. Varianten der heldenhaften Zwillingsbrüder fanden sich auf etlichen Keramiken aus klassischer Zeit. Diese sogenannten »Stirnbandzwillinge«, so benannt nach ihrem gemeinsamen Kopfschmuck, tragen die Namen Hun-Ahau (»Eins Herr«) und Yax-Balam (»Eins Jaguar«) und ähneln auch ikonographisch den berühmten Götterbrüdern Hunahpú und Ixbalanqué.

Da nun der eine der Stirnbandzwillinge – eben Yax-Balam – auf den Keramiken mit demselben Leopardenmuster dargestellt wird wie Gott CH in den Kodizes und da überdies beide durch dieselbe Namenshieroglyphe gekennzeichnet werden, müssen wir uns für einen der beiden folgenden Schlüsse entscheiden:

- *Entweder:* Yax-Balam, der junge Doppelgänger des Götterhelden Ixbalanqué, und der mit Totenknochen behängte Gott CH sind ein und dieselbe übernatürliche Person.
- *Oder:* Das System ikonographischer Interpretation, mit dem die Maya-Forschung arbeitet, weist einen grundlegenden Fehler auf.

Begreiflicherweise sind die Wissenschaftler vor der letzteren Folgerung bislang zurückgeschreckt.

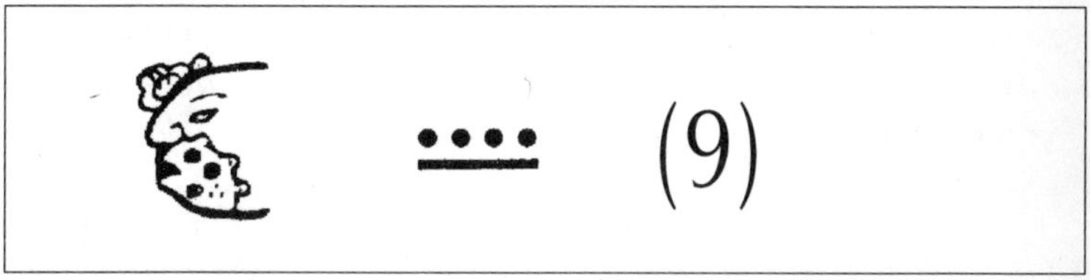

Die Glyphe von Gott CH wurde als Kopfvariante der Zahl Neun verwendet.

Tatsächlich wird die Glyphe des Gottes CH - mit der charakteristischen Andeutung eines Bartes - im Dresdner Kodex und in Inschriften an klassischen Bauwerken mehrfach als Verkörperung der Zahl Neun aufgeführt. Warum aber jene negative Kennzeichnung des Gottes CH als Scherge des alten Totengottes, wenn er sich doch angeblich vom Überwinder Xibalbás herleitet? Auf diese Frage vermag uns die Forschung bislang keine befriedigende Antwort zu geben.

Überdies deutet manches darauf hin, daß in die klassische Physiognomie des Gottes CH auch die ältere Verkörperung des Tzolkin-Tages Chicchan eingeflossen ist[4]. Damit aber ist unsere Verwirrung komplett, denn Chicchan ist im heiligen Kalender der Tag der »Himmelsschlange« oder des Drachengottes Kukulkán.[5]

Herr Acht – der junge Maisgott

Mit seiner hohen Stirn und den mandelförmigen Augen verkörpert er das Schönheitsideal der klassischen Maya. Wie sehr die Maispflanze bei den Maya geschätzt wurde, haben uns bereits verschiedene Mythen und Legenden gezeigt:

Während des Kampfes zwischen den Göttern der Dreizehn Himmel und der Neun Unterwelten regneten neben allerlei nützlichen Pflanzen vor allem die kostbaren Maiskolben herab. Eine Kreatur zu erschaffen, welche die Götter anbetete, gelang nach mehrfachem Scheitern erst, als der göttliche Former die ersten Menschen aus Maisbrei knetete. Und was wäre aus der jungen Mondgöttin Ixquic, was gar aus den so wundersam gezeugten Heldenzwillingen in ihrem Leib geworden, wenn der junge Maisgott ihr nicht geholfen hätte, die von Urmutter Ixmucané geforderten Maiskolben herbeizuschaffen?

Daß »Gott E«, wie Schellhas ihn nannte, niemand anderes als der junge Maisgott ist, zeigen seine ikonographischen Merkmale unübersehbar: Eine Maispflanze wächst ihm meist aus dem Kopf heraus, und zwar sowohl der Maiskolben als auch die zugehörigen Blätter. An der Stelle, wo sein Kopf in die Pflanze übergeht, findet sich überdies meist die Hieroglyphe *kan*, »Mais«.[6]

In manchen späteren Maya-Texten, insbesondere in den Chilam-Balam-Büchern, wird der junge Maisgott mit den älteren Heldenzwillingen des Mythos, Einsjäger und Siebenjäger, schlichtweg gleichgesetzt. In eben diesen *Büchern des Jaguarpriesters* aber trägt er den Namen

Maisblätter wachsen aus dem Kopf des jungen Maisgottes, der im Zahlenolymp der Maya die Acht regiert.

Uaxac Yol Kauil, was »acht Herz des Überflusses« bedeutet und seine Regentschaft als Gott der Zahl Acht zwar belegt, aber nur teilweise mit den Namen übereinstimmt, mit denen Ixquic ihn um Hilfe ruft: Als *Ix-toh* beschwört sie ihn, den Spender des Überflusses, als *Ix-Canil,* den Gott der Reife, und als *Ixcacawuxtziya,* den »Vermehrer des Maisbreies«.[7]

Wie die klassischen Maya selbst diesen Gott nannten, war Ende des 19. Jahrhunderts unbekannt und liegt Ende des 20. noch ebenso im dunkeln - ein weiterer Beleg für die fortdauernden Probleme der Forscher, Hieroglyphen wirklich zu lesen und nicht nur aus dem Kontext zu »deuten« (eine Methode, die bei Namen häufig versagt).

Wie auch immer die Lesung seiner Namenshieroglyphe lauten mag - fest steht jedenfalls, daß sie sowohl in den Kodizes wie auch in klassischen Inschriften mehrfach als Kopfvariante der Zahl Acht auftaucht.

(8)

Als Kopfvariante der Zahl Acht wurde oftmals das Profil des jungen Maisgottes verwendet, der in den Büchern des Jaguarpriesters *auch »Acht Herz des Überflusses« heißt.*

Für jene meiner Leser, die möglicherweise bezweifeln, daß jemand - und wäre es ein Gott - ideale Wohlgestalt verkörpern kann, obwohl ihm eine Maispflanze aus dem Kopf wuchert, seien nachfolgend zwei Kunstwerke abgebildet, welche den jungen Maisgott in all seiner grimmigen und bizarren Schönheit zeigen.

Steinrelief des jungen Maisgottes von Copán

Jadeskulptur des jungen Maisgottes von Palenque

Herr Sieben – der alte Jaguargott der Unterwelt

Am Tag 4 Ahau 8 Cumku, als das Universum neu geordnet wurde, damit das jetzige Weltzeitalter beginnen konnte, führte er den Vorsitz in der Götterversammlung: »Gott L«, wie ihn die Forscher nach Schellhas nennen, oder der alte Jaguargott der Unterwelt, der insbesondere in klassischer Zeit als bedeutende Gottheit verehrt wurde.

Auf uns wirkt er in vielerlei Hinsicht so verwirrend wie manches, was in weitestem Sinn mit der Maya-Unterwelt in Beziehung steht. Als Totenreich war Xibalbá mit Schrecken ausgestattet, die sich mit den Höllenbeschwörungen anderer Kulturen durchaus messen können. Aber es war auch ein Ort, an dem die Ahnen und selbst ehrwürdige Götter residierten. Zu letzteren scheint auch Gott L zu zählen, der auf zahlreichen klassischen Keramiken verherrlicht wird, in den jüngeren Kodizes aber nur selten auftaucht – möglicherweise ein Indiz für seinen Bedeutungsschwund in postklassischer Zeit.

Jedenfalls zählt Gott L zu den sogenannten schwarzen Göttern der Maya: pechfarben geschminkten Gottheiten, die bevorzugt Waffen mit sich führen und anscheinend allesamt Krieg oder sonstige Katastrophen verkörpern. Insofern leuchtet es ein, daß er in einem Palast in Xibalbá residiert; auch trägt er im Gesicht oftmals jene schwarzen Punkte, die entweder als Fäulnisflecken oder als Jaguarmuster, so oder so jedoch als Kennzeichen von Unterweltgöttern zu deuten sind.

Warum aber sitzt stets ein Vogel namens *Oxlahun Muan* auf seinem Hut – ein göttliches Wesen (ungewiß, ob Adler oder Eule), das eigentlich dem Himmel der Dreizehn angehört? Zumindest dieses Rätsel scheint nicht unlösbar zu sein: Nach der Logik des Mythos sind die Unterwelt Xibalbá und der nächtliche Himmel im Zeichen der Finsternis eins.

Folglich können wir die Unterwelt nicht ein für allemal

Auf dem Hut des Jaguargottes der Unterwelt und Regenten der Zahl Sieben finden wir stets den sogenannten Muan-Vogel, obwohl dieser dem überirdischen Himmel der Dreizehn angehört.

»unter der Erde« lokalisieren: Während der Nachtstunden befindet sie sich *über* der Menschenwelt, und Oxlahun-ti-ku, die Dreizehn Himmel der lichten Götter, sinken ihrerseits *unter* die Erde von Yucatán. Demnach wäre es möglich, daß der sogenannte Muan-Vogel die Tage im Sonnenhimmel und nur die Nächte auf dem Hut des Jaguargottes verbringt, der durchaus groß genug ist, um als Lager selbst für adlergroße Göttervögel zu dienen.

Als Gott des Nachthimmels pflegt Gott L im übrigen auch innige Beziehungen mit der jungen Mondgöttin Ixquic, die wir bereits als Mutter der mythischen Heldenzwillinge kennengelernt haben. Beim Anblick dieses ungleichen Paares möchte man Ixquic allerdings wünschen, daß der finstere Alte sie freigibt und sie vielleicht noch eine Gelegenheit findet, sich mit dem dionysischen jungen Maisgott zusammenzutun. Denn wie die folgende Abbildung aus dem Dresdener Kodex zeigt,

Auf Seite 24 des Kodex Dresden sind der schwarze Gott L und die junge Göttin I gemeinsam zu sehen. Der in klassischer Zeit bedeutende Unterweltgott ist zugleich Regent der Zahl Sieben, während die junge Mondgöttin die Eins verkörpert.

handelt es sich bei dem alten Jaguargott der Unterwelt um einen eher abstoßenden Greis.

Auch die Namenshieroglyphe zeigt Gott L von seiner finstersten Seite, zudem mit einem Affix versehen, das einer abregnenden Wolke ähnelt. Sowenig wir seine Glyphe bis heute lesen können, sowenig ist auch geklärt, weshalb der alte Jaguargott der Unterwelt überdies als einer der fünf Morgensterngötter galt. Fest steht jedoch, daß seine Namenshieroglyphe mit der charakteristischen Brillenmusterung verschiedentlich als Kopfvariante der Zahl Sieben eingesetzt wurde, die nach den allerheiligsten Zahlen 9, 13 und 20 als hochbedeutsame göttliche Ziffer galt.

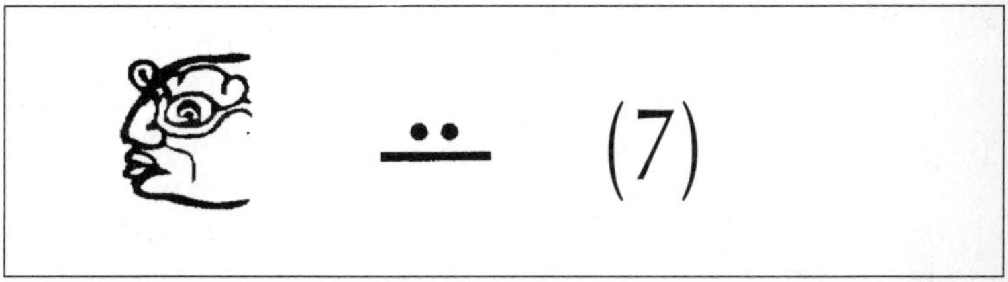

Der kriegerische Jaguargott der Unterwelt diente in klassischer Zeit als Kopfvariante der Zahl Sieben.

Herr Sechs – der alte Regengott Chac

Sein Name bedeutet »Rot« oder »Blitz«, und wie seine europäischen Artverwandten – Zeus, Thor und andere Polterer – trägt auch er stets ein Beil oder einen »Donnerkeil« in der Hand. Für die alten Maya galt es als ausgemacht, daß »Chac den Donner macht«, indem er seinen Keil durch das Himmelsgewölbe schleudert. In szenischen Darstellungen ist er stets in Zusammenhang mit Wasser und Landwirtschaft zu sehen.[8]

Der alte Regengott imponierte den Maya durch sein Steinbeil, mit dem er den Donner machte, und durch seine Rüsselnase, mit der er anscheinend Regen auf ihre Maisfelder spie.

So viel Respekt er als Gottheit der Gewitter wohl genoß, so populär war er andererseits als Gebieter des Regens, der im Gefolge von Blitz und Donner stets auch das kostbare Naß auf die Maisfelder brachte. Wie man sich seine Rolle hierbei im einzelnen vorstellte, braucht an dieser Stelle nicht weiter untersucht zu werden; Tatsache ist jedenfalls, daß er den Beinamen »der Pinkler« trug.

In Paul Schellhas' Götteralphabet als »Gott B« firmierend, gehört Chac ohne Zweifel der alten Göttergeneration an. Tränensäcke unter seinen Augen und zuweilen auch eine aus dem zahnlosen Mund hängende Zunge kennzeichnen ihn als Greis. Unverwechselbar macht ihn seine rüsselförmige Nase, die mit seiner Funktion als Regengott in Zusammenhang stehen mag.

In klassischer Zeit verehrten die Maya einen Vorläufer von Chac, den sie Chac-Xib-Chac nannten und mit dessen Abbild sich die Gottkönige von Yucatán schmückten. Doch bereits im *Diccionario de Motul*, dem ältesten überlieferten Maya-Wörterbuch, heißt er Chac und wird folgendermaßen gekennzeichnet:

»Chac war ein Riese, der sie in Landwirtschaft unterwies und den sie als Gott der Nahrungsmittel, des Wassers, des Donners und Blitzes verehrten.«

Seine Namenshieroglyphe, die im wesentlichen bis heute nicht gelesen werden kann, besteht aus einer Hand, in die ein Gesicht eingezeichnet ist. Tatsache ist, daß aus ihr die Kopfvariante der Zahl Sechs abgeleitet wurde, deren Bezeichnung im heutigen Yucatekisch – *uac* – im übrigen noch an den alten Regengott Chac gemahnt.

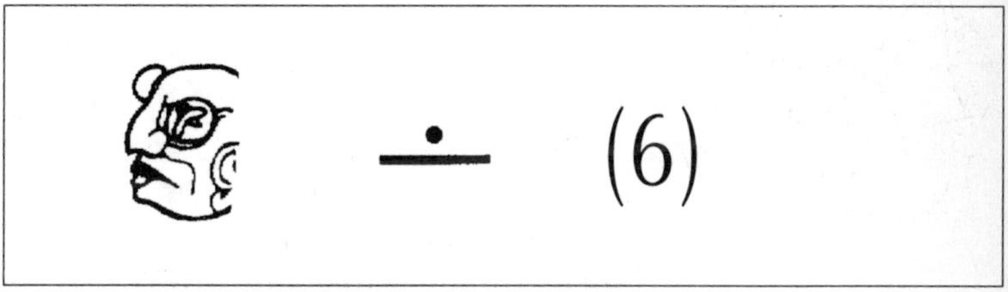

Der Regengott Chac, der in klassischer Zeit wohl Chac-Xib-Chac hieß, als Kopfvariante der Zahl Sechs.

Frau Fünf – die göttliche Urmutter Mam

Aus dem *Popol Vuh* ist uns die Uralte bereits als Ixmucané, Mutter der älteren Heldenzwillinge Einsjäger und Siebenjäger und Großmutter von Ixbalanqué und Hunahpú, bekannt. In der Auseinandersetzung mit Ixquic spielte sie eine recht zwielichtige Rolle; doch die Vielbeschäftigte und Gestaltenreiche, nebenher auch Gattin des nahezu bedeutungslosen »Urvaters« Ixpiyacóc, scheint alle vermeintlichen und tatsächlichen Umstürze im Pantheon der Maya überstanden zu haben.

Dabei gehört sie, die bei Schellhas »Göttin O« heißt, unzweifelhaft der alten Göttergeneration an: Meist wird sie mit Tränensäcken unter den Augen gezeichnet; oft steht sie gebückt, und ihr Mund ist zahnlos.

Die charakteristische Medusenschlange in ihrem Haar befreit uns von etwaigen letzten Zweifeln am ehrwürdigen Alter Ixmucanés: Mythengeschichtlich betrachtet, entstammt sie ähnlich tief versunkenen Zeiten wie die griechische Medusa

Die Urgottheit Mam, wie der Dresdener Kodex sie abbildet: als Wassergöttin mit Medusenfrisur, die sie als uralte Gottheit aus der Drachenepoche ihrer Kultur kennzeichnet.

oder die indische Schwarze Göttin Kalí – einer Epoche also, da die weiblichen oder, genauer, hermaphroditischen Urgottheiten noch unumschränkt und mit blutigen Opferritualen über die verängstigten Horden herrschten.

Diese mythenalte Herkunft zeigt sich auch in ihrer Regentschaft über das ozeanische Urelement: Sie ist die Göttin des Wassers, aus dem alles Leben entstanden ist und in dem allerdings auch die mißlungenen ersten Schöpfungen, die Lehm- und Holzmenschen, ertränkt wurden. Überdies gilt Mam als Patronin der Webkunst: War sie es gar, die das uranfängliche Edelsteinnetz wob und in den Rachen des Roten Juwels legte?

Legendär ist der Kampf zwischen Medusa, einer »vorolympischen« Göttin der Griechen, und der strahlend jungen »Olympierin« Pallas Athene, die ihren Günstling Perseus in die Höhle der Gorgo schickte. Der im Maya-Mythos erzählte Konflikt zwischen Ixmucané, der alten Göttin, und Ixquic oder Ixchel, ihrer jungen Rivalin, weist einige bemerkenswerte Parallelen zum griechischen Mythos vom Mord an der Gorgo auf – einschließlich des begründeten Verdachts, daß hier

Ixmucané unterweist den Gott Kukulkán in der Webkunst, als deren Patronin sie gilt.

wie dort die »junge« Göttin, die für die Generation der heroischen Göttersöhne Partei ergreift, bloß die Götterfraktion gewechselt hat: Ursprünglich gehört Ixquic wohl ebenso wie Pallas Athene dem Lager der alten Gottheiten an.

»Die Schlange«, schrieb ich in *Drachenwelt,* »ist das uralte Symbol nicht des rein Weiblichen, sondern der Androgynie, des zugleich Männlichen und Weiblichen, des Zeugens und Gebärens.«[9] Auch Pallas Athene, die scheinbar so junge Schutzgöttin Athens und »Tochter« des Sonnengottes Zeus, trug noch immer das Schlangenzeichen im Wappen – Signum ihrer mythengeschichtlichen Herkunft aus der viele tausend Jahre älteren kretischen Kultur von Knossos, die einst eine Göttin Atana mit Schlangenzepter verehrte.[10] Somit verkörpert Athene gleichsam eine »konvertierte« Meduse, die hinter jugendlichem Liebreiz ihre Herkunft aus dem uralten Drachenland von Urmutter Gaia verbirgt.

Sehr ähnlich scheint auch bei den Maya die »junge Mondgöttin« Ixquic kaum mehr als eine verjüngte und geschönte Version der zahnlosen und gebeugten Uralten Ixmucané zu sein. Als Gattin Einsjägers und Mutter der Heldenzwillinge Hunahpú und Ixbalanqué spielt sie in der Fraktion der jungen männlichen Götter eine ebenso positive Rolle wie Pallas Athene im Olymp des griechischen Donnergottes Zeus. Aber beide »jungen« Göttinnen erkaufen ihren Status im Pantheon der Sonnengötter mit Verrat an ihrer Herkunft aus der Drachenwelt der Ur- und Mondgöttinnen Gaia beziehungsweise Mam.

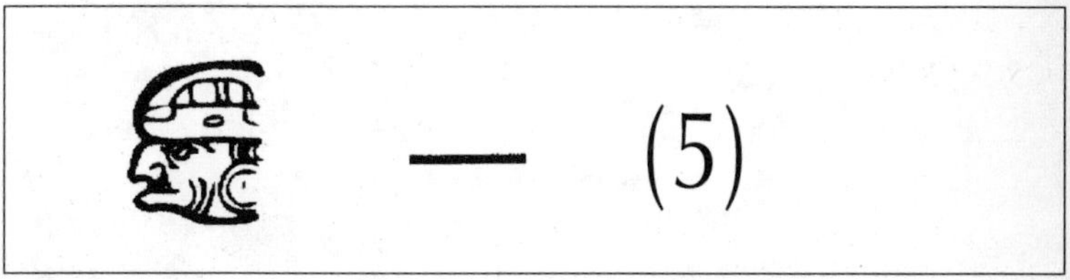

Das Profil der Urgöttin Mam diente als Kopfvariante der Zahl Fünf.

Wie sonst – wenn nicht mit der verhohlenen Identität der »Mond-Ahnin«[11] Ixmucané und der »jungen Mondgöttin« Ixquic – ließe sich erklären, daß diese beiden Göttinnen verschiedentlich durch die gleiche Namenshieroglyphe repräsentiert werden?[12] Im übrigen waren für Ixmucané gleich zwei Namenshieroglyphen im Umlauf: ein abstraktes Zeichen und eine Kopfglyphe, letztere mit der charakteristischen Locke, die sonst stets die junge Mondgöttin kennzeichnet. Diese Glyphe diente vielfach als Kopfvariante bei zeremonieller Schreibung der Zahl Fünf.

Wie sich weiter unten noch zeigen wird, kommt der Fünf – und damit Mam als ihrer Patronin – im Kalender der Maya eine ganz besondere Bedeutung zu: Es ist die Zahl der Uayeb-Tage und folglich des Chaos, das unweigerlich ausbrechen würde, wenn Ixmucané nicht die Regentschaft über dieses üble Schlußstück eines jeden Sonnenjahrs übernehmen würde.[13]

Herr Vier – der alte Sonnengott Ahau Kin

In klassischer Zeit hieß er *Ahau Kin* – »Herr Sonne« –, in den späteren *Büchern des Jaguarpriesters* wird er »Herr Sonnengesicht« oder *Kinich Ahau* genannt. Warum aber scheint er, ausweislich seiner ikonographischen Merkmale, der alten Generation anzugehören? Gebührt nicht nach allem, was wir im *Popol Vuh* erfuhren, der Titel eines Sonnengottes einzig dem Götterjüngling Hunahpú? Nicht im Denken der Maya, die stets bemüht waren, den Ahnen Gerechtigkeit widerfahren zu lassen.

Ohne die beiden Urgottheiten Ixmucané und Ixpiyacóc – die Uralte und der Uralte – wäre keinerlei Schöpfung entstanden. Folglich geht alles, was nachher kam, letztlich auf sie zurück. Auch deshalb gebührt Ixmucané der Titel der alten Mondgöttin – oder Mond-Ahnin – und ihrem sonst so unscheinbaren Gatten der Rang des alten Sonnengottes. Er ist

Der alte Sonnengott im Dresdener Kodex

sozusagen der Ehrenvorsitzende im Olymp der jungen männlichen Götter um Hunahpú (Ahau), wo er vermutlich so wenig wirkliche Macht besaß wie ehedem im Rat der alten Gottheiten unter Führung von Ixmucané.

Jedoch scheint er, der im Götteralphabet der Dresdener »Gott G« heißt, sich schon in klassischer Zeit großer Beliebtheit erfreut zu haben. Auch als Regent der Zahl Vier begegnet er uns bereits auf den Monumenten von Yucatán. Charakteristisch für den alten Sonnengott sind die römisch anmutende Hakennase mit einer Spirale, die vielleicht für die Sonnenbahn steht, sowie ein schütterer Bart am Kinn und über der Oberlippe. Nicht seine abstrakte Namenshieroglyphe, die als *Ahau kin* gelesen werden kann, sondern das Profil seines Kopfes verwendeten die Maya als Kopfvariante der Vier - einer Zahl, der insbesondere im Sonnenkalender große Bedeutung zukommt: Vier Jahresträger wechseln sich in der Herrschaft über die Haab-Jahre ab; viermal 90 Tage umfaßt das »Rundjahr« der Langen Zählung; auch die Differenz zwischen dem »männlichen« Prinzip der Dreizehn Himmel und dem »weiblichen« der Neun Unterwelten ergibt die Zahl Vier.

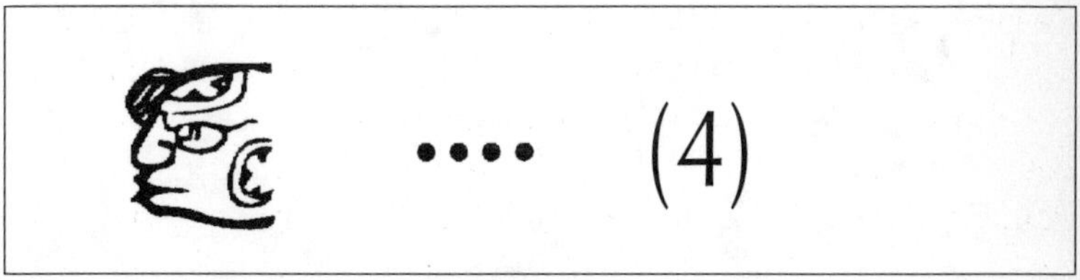

Der Kopf des alten Sonnengottes mit den typisch verdrehten Augen diente zur zeremoniellen Schreibung der Zahl Vier.

Herr Drei – ein Windgott?

Über die Gottheit, welche die Maya als Kopfvariante der Zahl Drei darstellten, wissen wir wenig. Winde – *Ik* – allgemein stifteten in ihrer Vorstellungswelt Verbindungen zwischen Erde und Himmel; »kleine Winde« brachten auch Krankheiten, die der Heiler durch Beschwörung aus dem Körper des Erkrankten – eher wohl des Besessenen – austrieb.

Im Dresdener Kodex ist »Gott W« abgebildet, dessen hervorstechendstes Kennzeichen die langgezogenen Lippen sind:

Gott W aus dem Kodex Dresden: Verehrten die Maya ihn als Windgott und zugleich als Regenten der Zahl Drei?

Für die Vermutung, daß dieser Gott W als Windgott Ik verehrt wurde, spricht seine Ähnlichkeit mit dem mexikanischen Windgott Ehecatl[14]. Und die Annahme, daß es sein Kopf war, der zur zeremoniellen Schreibung der Zahl Drei diente, läßt sich durch einen Vergleich mit der Kopfvariante untermauern, die etliche Gemeinsamkeiten ergibt, darunter wiederum die charakteristische Lippenform:

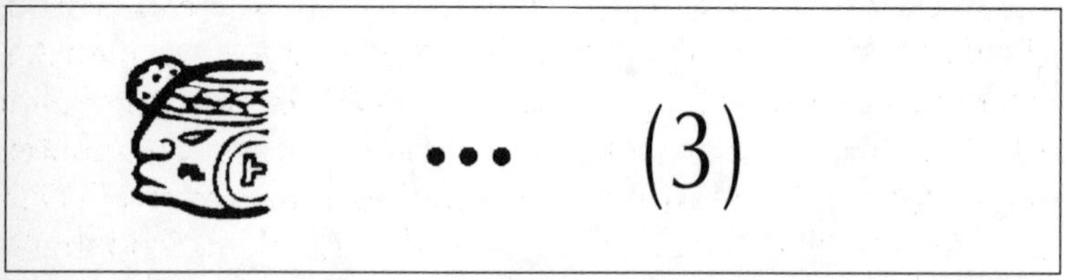

Diese Kopfvariante zur zeremoniellen Schreibung der Zahl Drei stellt vermutlich den Windgott Ik der Maya dar.

Herr Zwei – ein junger Gott mit amourösem Geheimnis

Der Regent der Zahl Zwei kommt nicht einmal als Buchstabe im Götter-ABC vor. Über ihn können uns die Forscher fast nur berichten, daß er »eine Hand als Kopfputz trägt«.

In der Kopfvariante, die zu zeremonieller Schreibung der Zahl Zwei diente, ist diese Hand in der Tat deutlich zu erkennen:

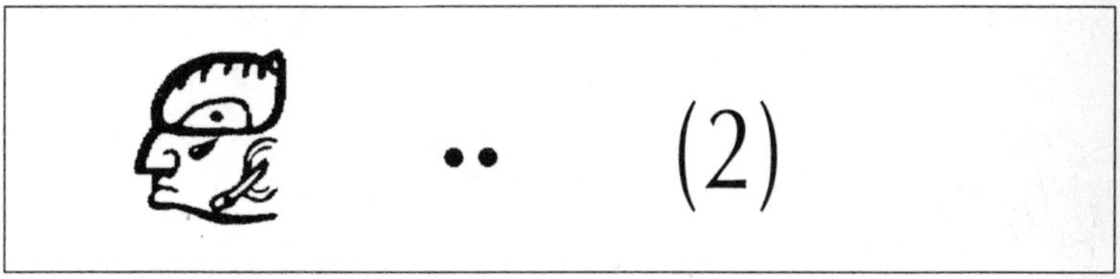

Es ist unklar, wessen Hand das Haar des jungen Gottes ziert, dessen Konterfei als Kopfvariante der Zahl Zwei diente.

Aber handelt es sich bei diesen Fingern tatsächlich um einen göttlichen Kopfschmuck? Ich vermute, daß die Hand vielmehr einer jungen Göttin gehört, die ansonsten aus Gründen der Diskretion nicht mit abgebildet wurde. Immerhin befinden wir uns hier bereits im Bannkreis der jungen Mondgöttin - der Regentin der Zahl Eins und Göttin der Erotik und Fruchtbarkeit.

Wohl unter dem betörenden Einfluß von Ixquic teilt sich der junge Gott, über den wir darüber hinaus kaum etwas wissen, die Herrschaft über die Zahl Zwei mit einer unbestimmten Anzahl junger Göttinnen, über die gleichfalls nur wenig bekannt ist. Zumindest aber wissen wir, daß sie in Xibalbá den uralten Jaguargott der Unterwelt in dessen Palast umsorgten.[15] Darüber hinaus dürfen wir annehmen, daß sie dem Schönheitsideal der klassischen Maya entsprachen (mandelförmige Augen, volle Brüste) - und daß die Hand im Haar des jungen Zahlengottes einer dieser jungen Göttinnen gehört ...

Frau Eins – die junge Mondgöttin

Das Loblied auf Ixquic, Mutter der Heldenzwillinge und listenreiche Mittlerin zwischen alten und jungen Göttern, habe ich bereits ebenso hymnisch wie ausführlich gesungen. Schwärmerisch nannten die Maya sie auch *Ixchel*, »Frau Regenbogen«; sehr viel trockener taufte Schellhas sie lediglich »Göttin I«. Wie einst die Medusa der Griechen war sie die Göttin der Heilkunst und zugleich die Ausgießerin von Krankheiten aller Art. Auf zahlreichen Bildnissen verkehrt sie ausschweifend mit Göttern in menschlicher wie in tierischer Gestalt; bis heute gilt sie den Maya als Patronin sexueller Zügellosigkeit sowie der Hurerei.

Die junge Mondgöttin verkörperte für die klassischen Maya Erotik und Fruchtbarkeit.

Als junge Frau Mond ist sie selbstredend die Göttin der Fruchtbarkeit, der Zeugung und des Gebärens. »Für ihre Geburten«, schrieb auch der Franziskaner Landa, »nahmen sie [die Maya-Frauen] die Hilfe von Zauberinnen in Anspruch, die ihnen ... unter das Bett ein Idol eines Dämons legten, *Ixchel* genannt, von dem sie sagten, daß er eine Göttin sei, die die Kinder macht.«[16]

Auch ihre beiden wesentlichen Attribute betonen die wichtigsten Aspekte der jungen Mondgöttin: Fast durchweg wird sie mit gewaltigen Brüsten und mit gelöster Locke dargestellt; wie sie eben insgesamt für Sinnlichkeit und Auflösung steht.

Auch in den verschiedenen Versionen ihrer Namenshieroglyphe fehlt niemals die herabhängende Locke, die Ixquic ihr typisch »aufgelöstes« Aussehen verleiht:

(1)

Ixchel, die junge Mondgöttin und Regentin der Zahl Eins.

Die Zahlengötter im Überblick

Die oben dargestellten Kopfvarianten wurden keineswegs während der gesamten Klassik und darüber hinaus einheitlich verwendet. Vielmehr finden wir eine gewisse Varianz in räumlicher wie zeitlicher Hinsicht sowie auch gelegentliche Unstimmigkeiten im göttlichen System (man denke nur an das heimliche Bündnis zwischen Herrn Zwei und den jungen Göttinnen aus Xibalbá). Den Schriftgelehrten und Mathematikern der Maya war das Streben nach einer widerspruchsfreien Systematik sicher nicht fremd; es koexistierte jedoch mit einem kaum weniger ausgeprägten Drang, das lesekundige Publikum durch möglichst viele verschiedene Zeichen für ein und dasselbe Datum zu verblüffen. Darüber hinaus waren, wie wir sahen, auch die Rangordnung, die Namen und selbst die äußere Gestalt der Götter durchaus nicht ein für allemal festgelegt. Die heutige Maya-Forschung, die sich ohnehin nur auf ein kümmerliches Fundament an schriftlichen Originalzeugnissen stützen kann, stünde also auch hier vor einer unlösbaren Aufgabe, sollte sie etwa angeben, welche Kopfvarianten zum Zeitpunkt x in der Stadt y zwecks zeremonieller Schreibung von Kalenderzahlen verwendet wurden.

Kurz gesagt: Auch unser Countdown der Zahlengötter, der in der Tabelle auf Seite 83–84 übersichtlich zusammengefaßt ist, ist ein teilweise idealisiertes System.

Noch weniger einheitlich wurde im übrigen die Schreibweise der Zahlen Elf bis Neunzehn gehandhabt. So existierten nebeneinander folgende Möglichkeiten:

a) die Zahlen Elf bis Neunzehn als bloße Variationen der Kopfvarianten von Eins bis Neun wiederzugeben,
a) für die Zahlen Elf bis Dreizehn eigene Kopfvarianten zu gebrauchen, während man die Vierzehn bis Neunzehn als Variationen der Glyphen für Vier bis Neun darstellte,
c) mit Elf und Zwölf nach Methode a) zu verfahren, während man die allerheiligste Zahl Dreizehn beispielsweise durch eine kombinierte Darstellung der Götter Drei und Zehn ehrte.

Auch bei der Variation der Kopfvarianten gab es mehrere Systeme, darunter insbesondere die Methoden,

a) die Zahlen Elf bis Neunzehn bzw. Vierzehn bis Neunzehn zu schreiben, indem man die Kopfvarianten der betreffenden »Einer« um den Unterkiefer des Totengottes ergänzte (meist waagrecht unter die Kopfglyphe gezeichnet),
b) die Kopfvarianten von Elf bzw. Vierzehn bis Neunzehn als mehr oder minder augenfällige »Verwandte« der betreffenden »Einer« zu gestalten.

Um hier nicht mehr als unbedingt nötig zu verwirren, greifen wir für die folgende Tabelle jeweils auf Alternative a) zurück, stellen also die Zahlen von Elf bis Neunzehn als Kopfvarianten von Eins bis Neun plus Knochensymbol des Totengottes dar.

Zahl	Maya-Wort	Punkt-Strich-Notation	Zahlengottheit	Kopfvariante
0	mi		(Urmutter Mam)[17]	
1	hun	•	Junge Mondgöttin	
2	ka	••	Junger Gott ? und junge Göttinnen ?	
3	ox	•••	Wind-gott ?	
4	kan	••••	Alter Sonnengott	
5	ho	—	Urmutter Mam	
6	uac	• —	Alter Regengott	
7	uuc	•• —	Alter Jaguargott der Unterwelt	
8	uaxac	••• —	Junger Maisgott	
9	bolon	•••• —	Junger Gott »CH«	

Zahl	Maya-Wort	Punkt-Strich-Notation	Zahlengottheit	Kopfvariante
10	lahun		Alter Todesgott	
11	buluc		Junge Mondgöttin	
12	lahca		Junger Gott und junge Göttinnen ?	
13	oxlahun		Wind-gott ?	
14	canlahun		Alter Sonnengott	
15	holahun		Urmutter Mam	
16	uaclahun		Alter Regengott	
17	uuclahun		Alter Jaguargott der Unterwelt	
18	uaxaclahun		Junger Maisgott	
19	bolonlahun		Junger Gott »CH«	
20	Hunkal		(Urmutter Mam)[18]	

5
Zwischen Zahlen und Visionen: Priester und Rituale der Maya

Um den Ansprüchen einer so zahlreichen Götterschar genügen zu können, brauchten die Maya eine in jeglicher Hinsicht kopfstarke Priesterschaft – Spezialisten für Zeremonien, Rituale und Visionen, die überdies mit den komplexen Systemen der Kalender und Mathematik vertraut sein mußten. Es ist anzunehmen, daß auch die weltlichen Herrscher priesterliche Ämter ausübten, während die Geistlichkeit umgekehrt großen Einfluß auf die Politik der Stadtstaaten von Yucatán nahm.

Ebenso wie der König selbst entstammten die Priester der adligen Elite. Ihre wichtigste Aufgabe war es, dem Regenten die Entscheidungen der Götter zu vermitteln. Neben der visionären Ekstase, die man insbesondere durch Aderlaß und Drogen herbeiführte, dienten vor allem die Kalender dazu, den göttlichen Rat zu entschlüsseln. Für Maya-Forscher, die seit Jahrzehnten mit meist bescheidenem Erfolg um die Entzifferung einzelner Hieroglyphen ringen, mag geradezu etwas Tröstliches in der Tatsache liegen, daß die Priester der Maya sich einst ebenso angestrengt um die Deutung nahezu unerforschlichen Willens bemühten.

Der Hohepriester

Der oberste Priester der alten Maya trug den Titel *Ahau Can,* »Herr des Himmels«, oder auch »Priester der Sonne«: *Ah Kin.* Er war der Bewahrer des esoterischen Wissens, der Zaubersprüche ebenso wie der tiefsten Geheimnisse der Rechenkunst und der Sternenkunde, was beinahe dasselbe war. Niemand wußte besser als er, wie man Krankheiten heilte und von Besessenheit befreite (wobei man anscheinend für »erotische Besessenheit« besonders anfällig war). Selbstverständlich war er auch der oberste Hüter der Künste des Lesens und Schreibens; die kostbarsten Bücher und heiligsten Kalender bewahrte er in seinem Tempel auf.

Zu den Pflichten des Hohenpriesters zählte auch die Leitung der bedeutendsten Zeremonien zu Ehren der Götter, darunter die Neujahrsfeste und die Opferung von Menschen, meist Angehörige verfeindeter Staaten, die unglücklicherweise in die Hände der blutgierigen Priester gefallen waren. Die eigentliche Opferung - also die rituelle Menschenschlachtung - aber überließ der Hohepriester eigens hierfür berufenen Opferpriestern.

Der Opferpriester

Der Sinn ritueller Menschenopfer mochte unter den Maya kaum umstritten sein; höchst unbeliebt waren die Opferpriester gleichwohl. Der makabre Anblick der Opferzeremonien traf die spanischen Invasoren wie ein Schock:

Vier Hilfspriester, *Chaces*[1] genannt, hielten das bedauernswerte Opfer an Armen und Beinen fest, während es rücklings auf einem Opferstein lag. Mit *u kab ku,* der »Hand des Gottes«, dem scharf zugeschliffenen Obsidianmesser, schnitt der Nacom das Herz aus der Brust des Opfers, das zu diesem Zeitpunkt noch am Leben, wenn auch gewiß nicht mehr bei

Der Nacom schlachtet sein Opfer.

Sinnen war. In rhythmischen Strömen pulste das Blut aus dem noch zuckenden Herzen und stillte den Durst der Götter.

Wenn der Nacom das Herz sodann der Sonne entgegenreckte, troff ihm das Blut über Hände und Arme, es bespritzte sein Gesicht und verklebte seine hüftlangen Haare, die er niemals waschen durfte; denn Blut war der Trank der Götter und das kostbarste Gut der Welt.

Den Leichnam des Opfers warf man zuletzt die Stufen der Pyramiden hinab; gewisse Innereien zu verspeisen, gehörte zum Ritual; der traurige Rest wurde auf dem Friedhof begraben.

Aderlaß und Selbstkasteiung

So grausam uns solche Menschenopfer anmuten, in gewisser Weise wurden die Geopferten gleichwohl von den Lebenden beneidet. Denn um wiedergeboren zu werden, mußte man zuvor den Göttern geopfert werden und vorzugsweise durch Enthauptung in die Unterwelt gelangen.

Eine Mischung aus rituellem Opfer und ekstatischer Stimulierung war wohl der Brauch des Aderlasses, dem Priester und »Laien«, Herrscher und Untertanen anscheinend exzessiv huldigten. Nach der Vorstellung der Maya, die sich etwa im Sym-

Blutopfer im Kodex Madrid

bol der »Visionsschlange« manifestierte, verkörperten sich die übernatürlichen Wesen, ob nun Götter oder Ahnen, im Leib des Ekstatikers, der mit der Öffnung seiner Adern zugleich ein Tor zur Geisterwelt aufstieß.

Eine bevorzugte Körperstelle, aus der man Blut fließen ließ, war bei Männern wie bei Frauen die Zunge: Man durchbohrte sie mit dem *Zaquitóc*, dem Obsidianmesser, und zog sodann eine fingerdicke Dornenschnur hindurch. Männer durchbohrten sich zusätzlich den Penis, um sich durch Schmerz und Blutverlust in eine Trance zu versetzen, die einem Gott oder einem Ahnen die »Wiedergeburt« im Leib des Ekstatikers ermöglichen sollte.

Insbesondere der König war verpflichtet, durch – teilweise öffentliche – Selbstkasteiung den Göttern Tribut zu zollen. Zu seinen Pflichten gehörten neben dem Durchbohren von Zunge und Penis »das Tanzen in vollem Herrscherschmuck und das Sich-Berauschen an halluzinogenen Flüssigkeiten ... Auch das Rauchen von Zigarren, eine Erfindung der Maya-Indianer, gehört zu diesen psychotropen Techniken ... Diese Riten sind in der Regel schmerzhaft und mit körperlichem Unwohlsein verbunden. Auf vielen Darstellungen werden die Opfernden deshalb von Dienern gestützt, damit sie nicht vor Schmerzen zusammenbrechen oder, wenn sie sich nach dem Trinken eines Absuds aus dem Giftschleim der Kröte *Bufo Marinus* und anderer Ingredienzien übergeben müssen, nicht die Kleidung bespucken.«[2]

Die Visionsschlange symbolisierte die Verbindung zwischen Geister- und Menschenwelt, welche die Maya durch rituelle Blutopfer herstellten.

Seltsame Riten, fürwahr – doch sonderbar wirkt manches auch erst durch den befremdeten Blick westlicher Forscher, denen es zuweilen an innerem Zugang zum mythologischen Denken fehlt.

Der Jaguarpriester

Welchen Rang er in klassischer Zeit einnahm, wissen wir nicht genau; nach verschiedenen Quellen war der Jaguarpriester jedoch sehr hochgeachtet und genoß kaum weniger Macht und Ansehen als der Hohepriester Ah Kin. Dabei verbrachte der »liegende Prophet« den größten Teil seiner Zeit im Halbdunkel des Tempels, auf einer Matte lagernd und in einer rituellen Ekstase, die durch Drogen und Fasten, Aderlaß und Meditation hervorgerufen wurde.

Als »Sprachrohr der Götter« vermittelte er deren Wünsche und Ratschlüsse; nur der Jaguarpriester vermochte die Sprache der übernatürlichen Wesen zu verstehen. Aus seiner Trance erwachend, verkündete er schließlich in vieldeutigen prophetischen Worten die Zukunft. Zudem aber war auch er ein Schrift- und Zahlenkundiger, der die überlieferten Texte hütete und zu zeremoniellen Anlässen aus den alten Schriften vortrug.

Der Kalenderpriester

Sie waren Astrologen, Mathematiker und Wahrsager in Personalunion: Ebenso wie die Jaguarpriester vermochten auch die Kalenderpriester der Maya in die Zukunft zu schauen und göttliche Ratschlüsse zu deuten. Doch ihre Kunst stützte sich nicht auf Trance- und Visionstechniken, sondern auf die Tradition der Orakel und Wahrsage-Almanache sowie vor allem auf das komplexe System göttlicher Einflüsse, das sich im kalendarischen Räderwerk niederschlug.

So dürfen wir uns den »Kalendergelehrten« bei den klassischen Maya als hochgeachtete und in privaten wie politischen Belangen höchst einflußreiche Gestalt vorstellen: Kein Herrscher wagte es, einen Krieg anzuzetteln oder einem Aggressor entgegenzutreten, ohne zuvor die Kalenderpriester zu befragen – offenbar konnten gewisse Konstellationen den kriegslüsternsten Sonnenkönig so sehr einschüchtern, daß er von jeglichen Raubzügen Abstand nahm. Doch auch im zivilen Leben begab sich niemand auf eine Reise oder fällte sonst eine weitreichende Entscheidung, wenn nicht der Kalenderpriester nach einem sorgsamen Blick in die Zukunft diesen Schritt namens der Götter guthieß.

6
Der Ritualkalender Tzolkin

Als ersten der Maya-Kalender werden wir nun den Wahrsage- und Ritualkalender etwas einläßlicher betrachten. Mit einiger Wahrscheinlichkeit liegen ihm die frühesten Anfänge kalendarischer Ordnungsversuche bei den Maya bzw. bei deren olmekischen Vorläufern zugrunde.

So ausgeklügelt der klassische Tzolkin auf den Betrachter wirkt, so einfach mögen seine Anfänge nämlich gewesen sein: Im wesentlichen besteht er, wie bereits erwähnt, aus zwanzig Tageszeichen - von Imix bis Ahau -, die man ursprünglich wohl schlicht an den Fingern und Fußzehen abzählte, ähnlich wie heute noch viele Kinder bei Abzählreimen:

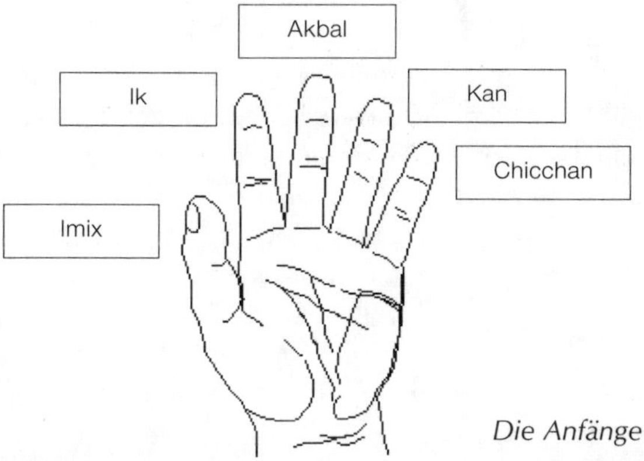

Die Anfänge des Tzolkin

Die Zauberformel

Wenn sich aber die wichtigste Einheit des Tzolkin, die zwanzig Tagesnamen, von der physiologischen Tatsache ableiten läßt, daß sich Finger und Zehen des Menschen zur Zahl Zwanzig summieren - wie gelangte man andererseits zu dem Multiplikator 13, der uns die Summe der Tage eines Tzolkin-»Jahres« beschert?

13 × 20 = 260: Weder Sonnen- noch Mondumläufe vermögen diese kalendarische Urformel erklären - was uns im übrigen nicht zu verwundern braucht: Während dieser prähistorischen ersten Rechenübungen wurde wohl schwerlich schon die komplexe Astronomie der späteren Tolteken- oder Maya-Kulturen betrieben.

Die Antwort ist folglich nicht in mathematischen Bezügen, sondern in biologischen Zyklen zu suchen, die dem frühen Menschen im wahrsten Wortsinn näherlagen: 13-mal mußte man den gesamten Zirkel der Finger und Zehen durchlaufen, 13-mal 20-mal mußte die Sonne auf- und wieder untergehen, bis nach dem Ausbleiben der weiblichen Monatsblutung ein Kind geboren wurde. Während dieser 13 Umdrehungen des kalendarischen Urrades, dessen Speichen gleichsam aus Finger- und Zehenknochen bestanden, erschien und verging überdies neunmal der Mond, weshalb die Maya das Neugeborene auch »*ah bikep ik*« - den »Neunmondemann«[1] - nannten.

Kurz gesagt: Ein Umlauf des Tzolkin, der sich aus so archaischen Kalkulationen entwickelte, entspricht der neunmonatigen Schwangerschaftszeit. Oder umgekehrt: Aus dem Bemühen, das Mysterium von Empfängnis, Schwangerschaft und Geburt zu durchschauen, dürfte das Urräderwerk des Maya-Kalenders entstanden sein, grob gefügt aus einem Zwanziger- und einem Dreizehner-Rad, die so ineinander verzahnt sind, daß an jedem Tag *beide* Räder um eine Einheit weiterspringen. War jedes Tageszeichen einmal mit jedem Zahlzeichen gekoppelt worden, so war ein Tzolkin-Umlauf beendet und die Geburt des »Neunmondemanns« stand bevor.

Das magische Bewußtsein sah die beteiligten Finger und Zehen indessen nicht einfach als Körperglieder und den Vorgang selbst schwerlich als schlichtes Abzählen an. Vielmehr betrachtete man wohl jedes einzelne dieser »Finger- und Zehenmännchen« als Verkörperungen von Göttern oder deren Totemtieren (Naguals), die allein doch solche Fruchtbarkeitsmysterien bewirken konnten.

Die dem Tzolkin zugrunde liegende Gleichung *13 × 20 = 260* dürfte also für das frühe magische Denken nichts Geringeres als eine Zauberformel gewesen sein, die menschliches Leben entstehen ließ. Die verschiedensten Götter oder Geister wirkten hier auf rätselhafte Weise zusammen: Als erstes waren sicherlich die zwanzig übernatürlichen Wesen von Imix bis Ahau beteiligt, ebenso jedoch die Zahlengötter von Eins bis Dreizehn – wobei man wohl vor allen anderen die so wunderkräftigen Zahlen Neun (*bolon-ti-ku*) und Dreizehn (*oxlahun-ti-ku*) in den Rang von Göttern erhob.

Wie steinig der Weg von diesen frühesten Berechnungen zum komplexen kalendarischen Räderwerk der Maya gewesen sein mag, zeigen uns indes schon die Tücken des mutmaßlich nächsten Schrittes: Wie viele Mondzyklen genau passen in den Zeitraum 13 × 20 hinein? Bereits das Verschwinden des Gestirns zu Neumond war eine denkerische Herausforderung, die sich nur unter großen geistigen Mühen und nach einem Beobachtungsprozeß bewältigen ließ, der wohl viele Generationen umfaßte.[2]

Als »Monat« ist die 20er-Einheit des Tzolkin jedenfalls höchst irreführend bezeichnet. Die Maya nannten sie *uinik*, »ganzer Mann«, da sie Finger und Zehen eines Menschen umfaßt. Tatsächlich stellen die Anfänge des Tzolkin wohl einen kleinen Triumph des menschlichen Erfindungsgeistes dar, der den Unwägbarkeiten des Mondumlaufs ein eigenes Konstrukt von glatter Eleganz entgegensetzte:

Berechnete man die Schwangerschaftsdauer auf der Basis des Mondzyklus und diesen mit durchschnittlich 29 Tagen, so erhielte man 9 × 29 = 261 Tage. Konnte sich göttliches Wirken aber in so krummen Zahlen und schwankenden Werten manifestieren? Wohl kaum. Vielmehr waren es insbesondere die Gottheiten Neun, Dreizehn und Zwanzig, die den Zauber der Entstehung neuen Lebens wirkten.

Die Tagesgötter

Welche Götter beziehungsweise welche Naguals die klassischen Maya den Tageszeichen des Tzolkin zuordneten, ist aufgrund der dürftigen Überlieferung nur noch in Bruchstücken bekannt. Im Bericht eines Maya-Forschers lesen wir sogar die lapidare Behauptung, die Tageszeichen repräsentierten »teils Tiere, teils Naturgewalten und zu einem Rest abstrakte oder auch altüberlieferte, nicht mehr verstandene Begriffe«[3]. Wie sich in solchen Bemerkungen anzudeuten scheint, droht bereits die gegenwärtige Forschung aus dem Bewußtsein zu verlieren, daß die Tageszeichen des Tzolkin für die Maya durchweg Naguals oder andere Manifestationen von Göttern waren, welche über die betreffenden Tage geboten.

Wahr ist allerdings, daß die heutigen Nachfahren dieser frühgeschichtlichen Kalendergelehrten uns in solchen Fragen meist nicht weiterzuhelfen vermögen: Die traditionellen Tageszeichen und selbst der Tzolkin als Wahrsagekalender sind zwar bei Völkern wie den Quiché oder den Mam durchaus noch in Gebrauch; doch was die Tagesnamen im Einzelfall bedeuten, geschweige denn, welche Götter die Zeichen repräsentieren, wissen heutige Maya uns meist sowenig anzugeben, wie etwa ein durchschnittlicher Deutscher sagen kann, auf welche uralten Riten sich Namen wie »Dienstag« oder »Samstag« beziehen.

Glücklicherweise verfügen wir jedoch über eine Fülle von Indizien - teils aus Kodizes und Inschriften, teils aus dem *Popol Vuh* und schließlich auch aus mündlichen Berichten geschichtsbewußter Maya-Nachfahren -, die mich ermutigen, das nachfolgend skizzierte Wagnis einer spekulativen Rekonstruktion der Tzolkin-Tagesgötter einzugehen. In einigen Fällen läßt sich mit großer Gewißheit angeben, was das betreffende Tageszeichen bereits in klassischer Zeit bedeutete und welchen Gott man als dessen Regenten ansah - so etwa bei dem Tagesnamen *Cimi*: Das Wort bedeutet »Tod«, das zugehörige Tageszeichen ist ein stilisierter Totenschädel. In anderen Fällen, das sei keineswegs verschwiegen, müssen wir uns jedoch eher auf Indizien und teilweise auch auf unsere Intuition stützen, aber das Ergebnis rechtfertigt solche kleinen Wagnisse durchaus.

Imix – der erste Tag

Nach allem, was wir wissen, steht *Imix* sowohl für »Seerose« wie für »Krokodil«. Beider mythische Verbindung war das »Seerosenmonster«, ein hochgeschätztes Drachentier, das man sich als eine Art Riesenfisch mit Echsenschnauze dachte. Das Seerosenmonster ist offenkundig eine Maya-Variante des aus allen Mythen bekannten hermaphroditischen Urdrachen, die ungestalte Verkörperung des Urmeers, mit dem alles Leben begann – und folglich eine weitere Manifestation der Urgottheit Mam, der Göttin des ozeanischen Elements.

Womit sonst, wenn nicht mit der Beschwörung des Beginns der Urschöpfung, der frühesten Drachenwelt und ihrer uralten Gottheit, sollte der heilige Zyklus der Tzolkin-Tage beginnen?

Tagesname	***Imix*** 
Ordnungszahl	***1***
Wörtliche Bedeutung	***Seerose, Krokodil***
Assoziation	***Seerosenmonster, Drachenwelt, ozeanisches Element***
Tagesgottheit	***Mam ➻ Frau Fünf*** 

Die prachtvolle Sarkophagplatte von Pacal dem Großen (gest. 683 n. Chr.), einem spätklassischen Herrscher von Palenque, der in einer Monumentalinschrift prophezeite, daß man noch Jahrtausende nach seinem Ableben seiner Thronbesteigung gedenken werde.

Auch der Tempel des Kreuzes in Palenque, erbaut auf der Spitze der mächtigen Pyramide, entstammt der Herrschaftszeit von Pacal dem Großen.

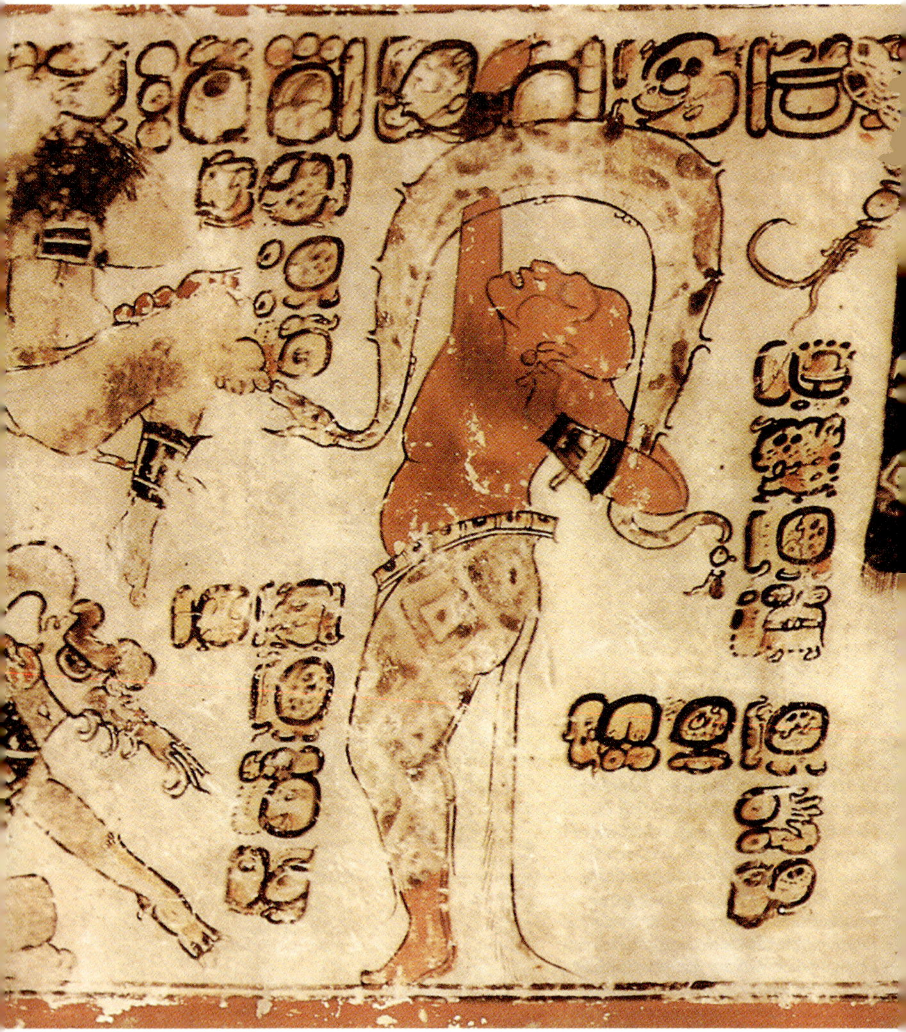

Ahnengeister tanzen einen Totentanz auf dieser Vase aus dem Spätklassikum.

Die Kalenderpyramide von Chichén Itzá wurde nach astronomischen und kalendarischen Gesichtspunkten erbaut. So ergeben ihre 4 × 91 Stufen zusammen mit der Einzelstufe vor dem Hochalter den Wert 365, entsprechend den Tagen des Sonnenkalenders Haab.

Schild-Jaguar (links) war der Herrscher von Yax-Chilán. Seine Gattin (rechts, kniend) zieht sich eine Dornenschnur durch die Zunge, um mit diesem Blutopfer die Götter günstig zu stimmen.

Das Observatorium von Chichén Itzá. Von hier aus beobachteten die Maya den Lauf der Gestirne, den sie in Mond-, Mars- und Venustabellen für gewaltige Zeiträume exakt berechneten.

Ik – der zweite Tag

Indem sich der Wind über dem Urozean erhebt, beginnt, wie in allen Mythen dieses Erdkreises, die Schöpfung. *Ik* - das Maya-Wort für »Wind« wie auch der Name der uns bereits bekannten Windgottheit - ist daher eine höchst angemessene Bezeichnung für den zweiten Tag des Tzolkin: Er versetzt uns gleichsam auch in den zweiten Tag dieser Weltschöpfung zurück, zu einem Zeitpunkt, da all die Götter- und Heldentaten, von denen das *Popol Vuh* berichtet, noch der ausführenden Heroen harren.

Tagesname	***Ik*** 
Ordnungszahl	***2***
Wörtliche Bedeutung	***Wind***
Assoziation	***Urschöpfung, Anfang des Universums***
Tagesgottheit	***Windgott Ik ➻ Herr Drei*** 

Akbal – der dritte Tag

Akbal bedeutet »Nacht«, auch im Sinne von »Unterwelt«: Noch regieren die Herren von Xibalbá uneingeschränkt – im Bündnis mit Imix/Ixmucané – über die Urwelt, in der Tod und Finsternis herrschen. Tatsächlich erinnert das Tageszeichen Akbal an den stilisierten »Rachen der Unterwelt«, nach dem viele Tempeleingänge der Maya in klassischer Zeit gestaltet wurden.

Im Tzolkin scheint also der dritte Tag des Zyklus gleichgesetzt mit jener Phase im Schöpfungsgeschehen, ehe die Gottheit »Es werde Licht« befahl.

Tagesname	***Akbal*** 
Ordnungszahl	***3***
Wörtliche Bedeutung	***Nacht***
Assoziation	***Tod und Finsternis vor der Erschaffung des Lebens***
Tagesgottheiten	***Die Herren von Xibalbá***
	➻ ***Herr Zehn*** 

Kan – der vierte Tag

Als Farbwort bezeichnet *Kan* die Farbe Gelb, als Zahlwort die Vier - also auch das derzeitige, das vierte Weltzeitalter -, in übertragenem Sinn steht es für Reifezustand und Reifezeit (man denke an das goldene Gelb der gereiften Maiskolben, der heiligen Pflanze der Maya).

Aber Kan kann im Denken der Maya auch einen »Reifegrad« der Schöpfung repräsentieren, der sich wiederum in einem drachenartigen Wesen verkörpert: Im sogenannten »Kan-Monster« oder »Kan-Kreuz-Seerosenmonster«, das uns gleichfalls auf klassischen Monumenten begegnet, manifestiert sich ein ungeschlachtes, doch fruchtbares Urgeschöpf, das anscheinend bereits an Land lebt bzw. die außerhalb der Meere existierende Lebensform verkörpert, eine bizarre Mischung aus Pflanzenwesen und tierischer Kreatur.

An diesem vierten Tag - des Tzolkin wie der Schöpfung, die er symbolisch nachvollzieht - ist die Welt somit zwar bereits belebt, aber bis zur idealen Kreation des Maismenschen ist es offenkundig noch ein weiter Weg. Daß auch die Maya unseren Planeten selbst als lebendigen Drachen - gefügt aus Wasser und Erde - ansahen, können wir insofern erahnen, als das »Kan-Kreuz-Seerosenmonster«

Das Kan-Kreuz-Seerosenmonster

für die klassischen Maya auch das landwirtschaftlich genutzte fruchtbare Schwemmland symbolisierte.[4]

Nur der Vollständigkeit halber sei vermerkt, daß wir auch dieses Monster (wie sämtliche Urdrachen, die dem Wasser entstammen) als Verkörperung der Ur- und Wassergöttin Mam – der Vielgestaltigen und »Mutter alles Gestalteten« – ansehen dürfen.

Tagesname	***Kan*** 
Ordnungszahl	***4***
Wörtliche Bedeutung	***Gelb, Vier, Reife***
Assoziation	***Entwicklung der Urschöpfung (Drachenwelt), erste Lebensformen außerhalb des Wassers***
Tagesgottheit	***Mam ➻ Frau Fünf*** 

Chicchan – der fünfte Tag

In den Maya-Sprachen, die unzählige Homonyme kennen, bedeutet *Chan* sowohl »Himmel« als auch »Schlange«. Das ist jedoch sowenig ein Zufall wie die oben festgestellte sprachliche Identität von »Reife« und »Gelb«: *Chicchan*, der Name des fünften Tzolkin-Tages, meint die »Himmelsschlange«, hinter der sich für die Maya in wörtlichem Verständnis die Milchstraße verbarg.

Nicht anders als diese uralte Metapher, die das kosmische Phänomen als Passage zu anderen Welten deutet, steht auch die »Himmelsschlange« in der Vorstellungswelt der Maya für eine Verbindung zwischen Menschen- und Götterwelt. So symbolisiert noch der »Schlangenstab« der klassischen Maya solche magische Beschwörung der Götter und ihres Himmelspfades. Die mythologische Urform der »Himmelsschlange« freilich ist die in ganz Mesoamerika verehrte Urdrachengottheit, die bei den Maya von Yucatán »Kukulkán«, bei den Tolteken »Quetzalcóatl« hieß: eine geflügelte Riesenschlange, Himmels- und Erddrache in einem, welche die noch ungeschiedene Einheit von Tag und Nacht, Licht und Finsternis, auch die urmythische hermaphroditische Einheit der Geschlechter verkörpert. Ohne ihn, der im *Popol Vuh* noch *vor* der Uralten Ixmucané beschworen wird, kann die Erschaffung der Kreaturen nicht beginnen.

Tagesname	***Chicchan*** 
Ordnungszahl	***5***
Wörtliche Bedeutung	***Himmelsschlange, Milchstraße***
Assoziation	***Verbindung zwischen Erde und Himmel, Beginn der Erschaffung von Kreaturen***
Tagesgottheit	***Urdrachengott Kukulkán***

Cimi – der sechste Tag

Mit der Erschaffung lebendiger Wesen - Tiere, Pflanzen und Menschen - wird auch der Tod als Mitregent dieser Welt inthronisiert. Im Tzolkin wird er folgerichtig am sechsten Tag gekürt: noch ehe auch nur eines der Lebewesen, die künftig diese Welt bevölkern sollen, erschaffen ist.

Denn *Cimi* heißt wörtlich »Tod«; ein stilisierter Totenschädel dient als Erkennungszeichen dieses sechsten Tages, der unfehlbar von einer Gewalt regiert wird, mit der wir bereits Bekanntschaft geschlossen haben, ohne allerdings mit ihr vertraut geworden zu sein: Cimi ist der Tag des Alten Todesgottes und Potentaten der Zahl Zehn.

Tagesname	***Cimi*** 
Ordnungszahl	***5***
Wörtliche Bedeutung	***Tod***
Assoziation	***Schmerz, Krankheit, Sterben, Verwesung***
Tagesgottheit	***Todesgott Ahpuch***
	➻ Herr Zehn 

Manik – der siebente Tag

Der Tagesname *Manik* bedeutet »Hirsch«, worunter hier aber gewiß kein bloßes Waldtier zu verstehen ist, sondern der Nagual des bedeutenden Maya-Gottes Tohil (»Donnerer«). Nach allem, was wir wissen, war Tohil lediglich ein anderer Name für den wohlbekannten Kukulkán und die Hirschgestalt bloß eines von vielen Naguals, die diesem Hauptgott der Maya jederzeit zu Gebote standen.

Just am siebten Tag also, an dem manch anderer Schöpfergott ermattet ruhte, erscheint Tohil in seiner Nagualgestalt als Hirsch und hält vor der Priesterschaft folgende offenherzige Rede:

»So sei denn groß unser Glanz und unser Ruhm vor allem Volk. Alle Stämme seien euch untertan. Wir hüten euch und eure Stadt, wir werden euch beraten ... Gebt uns die Tiere des Feldes und des Waldes. Erweiset uns auch die Gunst eures eigenen Blutes. Die Felle der Tiere aber behaltet, hütet sie, denn mit ihnen werdet ihr täuschen können ... Wenn sie fragen: ›Wo ist Tohil?‹, dann zeigt euch im Hirschgewand vor ihnen.«[5]

Gleichfalls bereits im *Popol Vuh* wird auch »Herr-der-Hirsch« beschworen, ein mythischer »Besitzer aller Hirsche« und Führungsdämon der Maya, der für sie zudem Verlust und Abschied symbolisierte.[6]

Alles in allem dürfte Manik für die Maya demnach eher ein Tag der unliebsamen Aufregungen, des »Donners« und der Täuschungen gewesen sein, so daß man froh sein konnte, wenn man ihn ohne größere Verluste überstand.

Tagesname	***Manik*** 
Ordnungszahl	***7***
Wörtliche Bedeutung	***Hirsch***
Assoziation	***Donner, Täuschung, Verlust***
Tagesgottheit	***Tohil (Kukulkán)***

Lamat – der achte Tag

In vielen Kulturen gelten Hasen und Kaninchen als feige Tiere, doch die Maya ehrten *Lamat* als Nagual des achten Tzolkin-Tages. Warum gerade dieses langohrige Wesen, und welche Gottheit verbirgt sich hinter der Hasenmaske?

Zum ersten Mal treten hier Götter der jungen Generation in den Kreis des Tzolkin: Ixquic, Ahau und Ixbalanqué. In mythologischer Hinsicht bedeutet dies: Die Erschaffung unserer Welt - mit den bekannten Gestirnen am Himmel und den vertrauten Kreaturen auf der Erde - steht unmittelbar bevor.

Wie bereits erzählt, forderten die jüngeren Heldenzwillinge Hunahpú und Ixbalanqué etwa zu diesem mythischen Zeitpunkt die Herren von Xibalbá heraus. An der Stelle, als Hunahpú (der nachmalige Sonnengott Ahau) von der Todesfledermaus enthauptet wird, habe ich diesen dramatischen Bericht unterbrochen, um ihn hier nun fortzusetzen:

Nachdem der Dachs (ein Nagual von Urmutter Ixmucané) den bewußten Kürbis gebracht hat, setzt Ixbalanqué diesen nach einigem Zaubern seinem Bruder als Haupt auf. Sodann ruft er ein Kaninchen herbei und gibt ihm ungefähr folgende Anweisung: »Wenn sich morgen wieder die Herren von Xibalbá mit uns im Ballspiel messen wollen, so wirst du, Kaninchen, dich in der Eiche am Ballspielplatz verbergen. Wenn ich aber den Ball zu dir werfe, so rennst du so rasch wie möglich davon.«

Am folgenden Morgen treten die beiden Brüder an den Rand des Spielfeldes, beide mit verhohlenen Blicken auf das echte Haupt Hunahpús, das die Unterweltherren auf den Ballspielplatz geworfen haben, damit ein jeder sich an diesem Anblick weide. Sobald aber Ixbalanqué den Ball in seine Richtung geschleudert hat, rennt das Kaninchen los, und die Herren von Xibalbá jagen lärmend hinter ihm drein - wähnend, daß es sich nicht etwa um ein Tier, sondern um den Ball handle.

Die junge Mondgöttin und das Kaninchen, ihr Nagual

Da begeben sich die Zwillinge zum Haupt Hunahpús, das sie gegen den Kürbis vertauschen. Als die Herren von Xibalbá mit leeren Händen zurückkehren, ist ihr Entsetzen abermals groß: Das abgerissene Haupt sitzt wieder auf dem Hals Hunahpús, und die Zwillinge sind beide wohlauf.[7]

Das sanfte Wesen aber, das diese List durch seinen Heldenmut ermöglichte, wird seither von den Maya als Mondtier verehrt: Ob in seiner Gestalt als Kaninchen oder Hase, so oder so verkörpert es die Mondgottheit, die verschiedene Göttergestalten annehmen kann - die männliche Ixbalanqués ebenso wie die weibliche seiner Mutter, der jungen Mondgöttin Ixquic.[8]

Tagesname	***Lamat***
Ordnungszahl	***8***
Wörtliche Bedeutung	***Hase, Kaninchen***
Assoziation	***List, (Mond-)Ball, Überwindung der Unterwelt***
Tagesgottheiten	***Mondgötter Ixbalanqué, Ixquic*** ***➻ Frau Eins***

Muluc – der neunte Tag

Muluc bedeutet »Wasser«, und der Leser könnte einwenden, daß dieses Element im Tzolkin bereits mehr als genug gewürdigt worden sei. Es handelt sich hier jedoch weder um die drachenhaften Urfluten, mit denen der Kalender am Tag Imix anhebt, noch um das desgleichen recht wäßrige »Kan-Kreuz-Seerosenmonster« des vierten Tages Kan: Muluc ist mit dem Tierzeichen *Fisch* assoziiert, ebenso mit der Maispflanze.[9]

Diese Mischung klingt nur auf den ersten Blick überraschend: Fische ebenso wie Mais sind für die Maya Nahrungsmittel, die nur dank gezähmter Wässer entstehen – sei es in den Flüssen und Lagunen, aus denen man Fische angelte, sei es im fruchtbaren Ackerland, das mit Hilfe des Kanalisationssystems der klassischen Maya reiche Maisernten hervorbrachte.

Muluc, das »Wasser« des neunten Tages, meint also die bereits geordneten Gewässer des vierten Weltzeitalters: Die göttlichen Zwillinge haben über Xibalbá gesiegt; in schönem Ebenmaß folgen einander die Sonne Ahau und der Mond Ixbalanqué am Himmel über Yucatán.

Tagesname	***Muluc*** 
Ordnungszahl	***9***
Wörtliche Bedeutung	***Wasser***
Assoziation	***Fische, (Mais-)Aussaat***
Tagesgottheiten	***Der junge Maisgott***
	➻ Herr Acht 
	Urgöttin Mam
	➻ Frau Fünf 

Oc – der zehnte Tag

Für die Maya war die Zehn keine »runde Zahl«, sondern nur eine halbe Zwanzig, ein halbierter *uinik,* und zwar dessen sterbliche Hälfte: der Leichnam. Daher regiert der Alte Todesgott die Zahl Zehn, und deshalb steht der zehnte Tzolkin-Tag unter der Herrschaft einer durch und durch negativen Kadavergottheit: *Oc* bedeutet »Hund«, und der Regent dieses Tages ist der Hundegott Tzul.

Diese aasfressende Gottheit, möglicherweise die Verkörperung eines der Herren von Xibalbá, unterhält höchst anrüchige Beziehungen mit einem noch scheußlicheren Dämonen: Der Kodex Dresden zeigt Tzul in inniger Umarmung mit Ta Ch'om, dem »Kot fressenden Geier«, der als Bote tödlicher Krankheiten galt.

Die Sorge, durch aasfressende Tiere infiziert zu werden, war gewiß berechtigt. Davon abgesehen gilt das in vielen Kulturen bekannte Sprichwort: »Wer Katzen liebt, verachtet Hunde« (und umgekehrt), vielleicht nicht nur für Individuen, sondern auch für ganze Völker. Die Maya jedenfalls hegten eine eindeutige Vorliebe für Katzentiere - Jaguar, Puma, Leopard –, während den Hunden und deren wilden, aber feigen Verwandten, den Koyoten, ihre tiefe Verachtung galt.

Oc - Hund - ist also ein äußerst negativer Tag, allenfalls für Begräbnisse zu empfehlen. Ohne nennenswerten Aufwand an Phantasie können wir uns vorstellen, daß die Kalenderpriester der Maya rieten, am Tag lahun Oc (10 Hund) des Tzolkin keine

Hundegott Tzul im Kodex Dresden

kühneren Unternehmungen zu beginnen – es sei denn, die üblen Einflüsse dieser beiden Götter ließen sich durch amtierende Haab-Regenten mit günstigeren Eigenschaften neutralisieren.

Tagesname	***Oc*** 
Ordnungszahl	***10***
Wörtliche Bedeutung	***Hund***
Assoziation	***Krankheit, Tod, Aas***
Tagesgottheit	***Hundegott Tzul***

Chuen – der elfte Tag

Der Tagesname *Chuen* bedeutet »Affe«. In diesem Buch sind uns schon zweimal an entscheidender Stelle Affen begegnet: als Ergebnisse eines mißglückten Versuchs, Menschen zu erschaffen, und als verzauberte Gestalten der älteren Brüder von Ixbalanqué und Hunahpú.[10]

Von diesen Brüdern, Einsmeister und Einsaffe, hieß es überdies, daß sie alle wesentlichen schönen Künste erfunden hätten, so etwa die Bildhauerei und das Flötenspiel. Ein um seine Würde bemühter Mythenkundler wie ich kann es natürlich nur bedauern, daß diese beiden Affengötter bei den Maya wohl auch als Gottheiten der Schriftkunst verehrt wurden. Denn das *Popol Vuh* schildert sie nicht nur als niederträchtige Jünglinge, die ihren kleinen Brüdern nach dem Leben trachteten, sondern überdies – nach ihrer Verzauberung – als wahrhaft schamlose Gesellen, die »mit geschwollenem Glied ... ihr Herz bloßstellten«.[11]

Die Affengötter verkörpern also nicht allein die schönen Künste, sondern ebenso die überschießende phallische Kraft, und damit auch, über den sexuellen Aspekt hinaus, das Heraufdämmern eines männlichen Zeitalters, dessen vierte Stufe allerdings erst durch ihre Heldenbrüder Ahau und Ixbalanqué erreicht wird.

Daß »noch heute im Quiché-Gebiet die Initiation der Priesterlehrlinge an einem

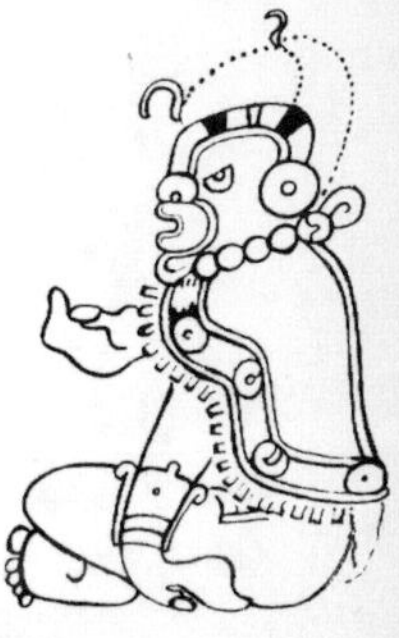

Möglicherweise handelt es sich bei diesem affengesichtigen Gott aus dem Kodex Dresden um einen der Affengötter, den die Maya als Regenten des Chuen und als Götter der schönen Künste verehrten.

Affentag erfolgt«[12], kann uns nach alledem nur verwundern; dagegen leuchtet es ein, daß die Kalenderpriester den Tzolkin-Tag Chuen für künstlerische und allgemeiner auch für handwerkliche Tätigkeiten empfahlen.

Tagesname	***Chuen*** 
Ordnungszahl	***11***
Wörtliche Bedeutung	***Affe***
Assoziation	***Schöne Künste und Sexualität***
Tagesgottheiten	***Affengötter, insbesondere Hunchuen (Einsaffe)***

Eb – der zwölfte Tag

Das Tageszeichen zeigt einen stilisierten Menschenschädel, der sowohl einem Totenkopf als auch dem mythischen Kürbis ähnelt, mit dem sich der enthauptete Hunahpú behalf. Tatsächlich bedeutet *Eb* einfach »Totenschädel«, doch wie wir bereits sahen, war der Totenkopf im Denken der Maya die Schale, welcher die neue Frucht entsproß: Erst als die Herren von Xibalbá Einsjägers Kopf in den Baum hingen, trug dieser Früchte.

Nach einer ernst zu nehmenden Hypothese sind Einsjäger und der junge Maisgott ohnehin ein und dieselbe Gottheit: In einem Vermehrungsmythos der Maya wird der Maisgott geopfert, also mit dem Mais völlig gleichgesetzt, der sich durch dieses Opfer wundersam vermehrt.

An Eb, dem Tag Totenschädel, möge man folglich keine Unternehmungen begründen, die sich als langlebig erweisen sollen; aber es ist gewiß auch kein Datum, an dem der Tod über das Leben triumphiert, eher ein Tag, an dem man des zyklischen Zusammenhangs zwischen Werden und Vergehen gedachte.

Tagesname	***Eb*** 
Ordnungszahl	***12***
Wörtliche Bedeutung	***Totenkopf***
Assoziation	***Kreislauf von Werden und Vergehen***
Tagesgottheiten	***Einsjäger; der junge Maisgott***
	➻ ***Herr Acht*** 

Ben – der 13. Tag

Der 13. Tzolkin-Tag ist schon deshalb von besonderer Heiligkeit, da ihn die Zahlengottheit *Oxlahun-ti-ku* - der Dreizehnfaltige Himmel - regiert. Die wörtliche Übersetzung des Tagesnamens *Ben* - »Rohr« - klingt für unsere Ohren eher hohl; für die Maya aber hatte *Ben* einen sowohl satten wie auch Ehrfurcht erweckenden Klang: Das Wort steht für die rohrförmige Maispflanze, das heilige Gewächs der Maya, auf dem ihre Landwirtschaft basierte und aus dem die Götter den Menschen schufen.

Nachdem am Vortag Eb der unverbrüchliche Zyklus der Fruchtbarkeit beschworen wurde, wird am Tag Ben ausgesät. Im Kodex Madrid schreitet der sogenannte Mais-Fisch-Gott mit gutem Beispiel voran: auf Maisrohren als Stelzen gehend, einen fischförmigen Helm auf dem Kopf und mit beiden Händen Maissamen aussäend.

Wie bereits beim Tag Muluc erwähnt, bildet das gezähmte, zur Ernährung der Menschen nutzbar gemachte Gewässer den gemeinsamen Nenner der Kombination von Fisch und Mais - und erklärt somit auch die vorübergehende Verwandlung des jungen Maisgottes zum »Mais-Fisch-Gott«, der auf Staudenstelzen durch den schlammigen Acker watet.

Am Tag Ben soll man - auch im übertragenen Sinn - aussäen: Was man hier beginnt,

Der Mais-Fisch-Gott im Kodex Madrid

kann reiche Ernte tragen, denn es steht unter dem Schutz des jungen Maisgottes und der himmlischen Dreizehnfaltigkeit.

Tagesname	***Ben*** 
Ordnungszahl	***13***
Wörtliche Bedeutung	***Rohr***
Assoziation	***Aussaat (Mais), Fruchtbarkeit***
Tagesgottheit	***Mais-Fisch-Gott***
	➻ ***Herr Acht*** 

Ix – der 14. Tag

Es ist der Tag des kleinen Jaguars, denn obwohl *Ix* in wörtlicher Übersetzung auch »klein« oder »Frau, Mädchen« bedeutet, steht die Silbe hier einzig für jenen Helden, dessen Name in voller Länge »Ixbalanqué« lautet.

Nach der gelungenen Maisaussaat am Tag Ben befinden wir uns nun endgültig im vierten Weltzeitalter der Maya, in dem ihre »olympischen« Götter regieren, insbesondere die Heldenzwillinge des *Popol Vuh*. Der junge Mondgott und seine Mutter, die junge Mondgöttin Ixquic, sind folglich auch die Regenten dieses Tages und der Mond sein leitendes Gestirn. Für die Maya war es wohl ein Tag, an dem Helden jede Art von Dunkelheit besiegen konnten.

Tagesname	***Ix*** 
Ordnungszahl	***14***
Wörtliche Bedeutung	***kleiner Jaguar (Ozelot)***
Assoziation	***Mondaufgang, Sieg über die Dunkelheit***
Tagesgottheiten	***Mondgötter Ixbalanqué , Ixquic*** ***➸ Frau Eins*** 

Men – der 15. Tag

Der Adler - *Men* - ist der mesoamerikanische Sonnenvogel, also das Nagual des jungen Sonnengottes, der in dieser Verkleidung den 15. Tzolkin-Tag regiert. Daß Ahau-Hunahpú als Tagesgott auf seinen Bruder Ixbalanqué folgt, den Mondgott und Regenten des 14. Tages, leuchtet unmittelbar ein. Überdies könnte der Adler auch mit dem sogenannten Muan-Vogel in Verbindung stehen, dem wir bereits einmal begegnet sind: Dieser Göttervogel steht in dem Ruf, am Tag in Adlergestalt den Sonnengott zu begleiten, nachts aber in Gestalt einer Eule auf dem Hut des alten Jaguargottes der Unterwelt zu sitzen.[13]

Im mythologischen Zyklus jedenfalls steht der Adler zweifellos für den Höhepunkt des vierten Weltzeitalters: das Klassikum der Maya, deren Sonnenkönige sich unter der göttlichen Regentschaft Ahaus zu eben solchen kulturellen Höhen aufzuschwingen suchten wie der Himmelsvogel, mit dessen Zeichen sie sich bevorzugt schmückten.

Tagesname	***Men*** 
Ordnungszahl	***15***
Wörtliche Bedeutung	***Adler***
Assoziation	***Sonne, Herrschaft des Lichtes: Königtum, Hochkultur***
Tagesgottheit	***Sonnengott Hunahpú-Ahau***

Cib – der 16. Tag

Der Tagesname *Cib* bedeutet »Eule«, und dieser Nachtvogel galt, wie in fast allen Kulturen, auch bei den Maya als Totentier. Die Eule ist der Xibalbá zugeordnete Vogel; sie trägt den Tod zu den Menschen, gehört jedoch ebenso dem Zyklus aus Vergehen und Wiedererstehen an wie alles in der Maya-Welt:

So wie der göttliche Muan-Vogel nachts als Eule in der Unterwelt hockt und bei Tag den Sonnengott begleitet, so folgt auch in der Vorstellungswelt der Maya auf den Tod die Wiedergeburt – zumindest für jene, die den Opfertod starben, indem sie durch den Todesvampir (die Fledermaus) enthauptet wurden.

Cib war folglich ein Tag, der sowohl Auflösungs- als auch Vollendungstendenzen dramatisch verstärken konnte. Wer die Dinge in der Schwebe lassen wollte, hatte gute Gründe, Cib ebenso zu fürchten wie dessen Regenten, der sich hinter dem Totenvogel Tecolóte zweifellos verbirgt: den Totengott, uns grausig bekannt als Gottheit auch des Tages Cimi und Regent der Zahl Zehn.

Tagesname	***Cib*** 
Ordnungszahl	***16***
Wörtliche Bedeutung	***Eule***
Assoziation	***Todesbote, Vollendung und Zerstörung***
Tagesgottheit	***Der alte Todesgott***
	➻ ***Herr Zehn*** 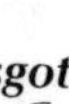

Cabán – der 17. Tag

Der Tagesname bedeutet sowohl »Erde« als auch »Erdbeben« – wir haben es nach wie vor mit einem Wesen von drachenhafter Lebendigkeit und Unberechenbarkeit zu tun.

Die Regentin von Cabán heißt gleichwohl nicht, wie man vermuten könnte, Mam oder Ixmucané: Hier vollends ist die archaische Vorherrschaft der Uralten soweit gemildert, daß Ixquic, die junge Mondgöttin, auch als Göttin der Erde ihre Nachfolge antreten kann. Zumindest konnte der große Maya-Forscher Eric Thompson keine Ausnahme von der Regel finden, daß die klassischen Maya den Tag Cabán stets mit oder als Ixquic darstellten. »Cabán also«, faßt er zusammen, »ist der Tag der Jungen Göttin der Erde, des Mondes und des Mais.«[2]

An Cabán wurde geerntet, was an einem Tag Ben gesät worden war.

Tagesname	***Cabán*** 
Ordnungszahl	***17***
Wörtliche Bedeutung	***Erde, Erdbeben***
Assoziation	***Fruchtbarkeit, Ernte***
Tagesgottheit	***Ixquic als junge Mond- und Erdgöttin***
	➸ Frau Eins 

Edznab – der 18. Tag

Obsidian, aus dem die Maya ihre Opfermesser fertigten, ist ein Feuerstein, der sich scharf und dünn zuschleifen läßt. In diesem schaurigen Sinn heißt *Edznab* sowohl Feuer- als auch Opferstein.

Es war der große Gott Kukulkán oder Tohil, der Hirschgott, der von seinen Anhängern unablässig Blutopfer verlangte: das Blut der Könige und Priester, der Handwerker und Bauern, das in maßlosen Aderlaßritualen floß, aber unersättlich auch das Blut der Menschenopfer, mit denen man die Götterbilder tränkte.

Edznab also ist der Tag der Blutopfer; wohl dem, der ihn lebend übersteht. Die Gottheit dieses Tages, die mit ihrem Hirsch-Nagual bereits über Manik (den siebten Tzolkin-Tag) gebietet, steht für ungeheuerliche Macht, aber auch für Täuschung und Grausamkeit.

Tagesname	***Edznab*** 
Ordnungszahl	***18***
Wörtliche Bedeutung	***Feuerstein***
Assoziation	***Opfermesser, Blutopfer***
Tagesgottheit	***Kukulkán***

Cauac – der 19. Tag

Das Tageszeichen stellt eine stilisierte Gewitterwolke dar, und eben dies bedeutet auch der Tagesname *Cauac*: »Regenwolke«, »Sturmwolke«. Als wären die Blutopfer des Vortages bereits erhört worden, herrscht an Cauac der große Donnerer und Regengott Chac, den wir schon als Regenten der Zahl Sechs kennengelernt haben.

Wie sein Tagesgott Chac ist auch Cauac voller Überraschungen, theatralisch und explosiv, aber doch willkommen wie ein Regenguß, der für die Maya nichts anderes war als der Samen des männlichen Himmels, den Frau Erde empfängt, um neuerlich Pflanzen, Tiere und Menschen zu gebären.

Tagesname	***Cauac*** 
Ordnungszahl	***19***
Wörtliche Bedeutung	***Regenwolke, Sturmwolke***
Assoziation	***Donner, Erregung, Befruchtung***
Tagesgottheit	***Regengott Chac***
	➻ ***Herr Sechs*** 

Ahau – der 20. Tag

Mit dem 20. Tag endet der Zyklus und beginnt zugleich von neuem: *Ahau* – »Großer Herr« – ist sozusagen der Sonntag des Tzolkin. Er wird häufig auch als Blume verbildlicht, die ihrerseits stets für die Sonne steht. Kein Zweifel: Es ist der Tag Hunahpús, des jungen Sonnengottes, der aus kosmischer Höhe sein Weltzeitalter betrachtet und wie der Bibelgott sagen könnte: »Und siehe, es war gut.«

So wie man in unserem Kulturkreis von einem »Sonntagskind« spricht, galten auch bei den Maya an Ahau Geborene als Lieblinge der Götter. Wer die himmlische Gunst in besonderem Maße erhoffte, begann seine Unternehmung unbedingt am Tag Ahau, dem Glückstag der klassischen Maya.

Tagesname	***Ahau*** 
Ordnungszahl	***20***
Wörtliche Bedeutung	***Großer Herr***
Assoziation	***Sonne, Gelingen, Glück***
Tagesgottheit	***Sonnengott Hunahpú-Ahau***

Die Tagesgötter im Überblick

Manche meiner Leser mögen sich vor lauter Göttern mittlerweile fast schon ein wenig zu himmlisch fühlen. Ihnen darf ich jedoch versichern, daß man sich an den Umgang mit den verehrungswürdigen Herrschaften leicht und rasch gewöhnen kann, wenn man sich erst einmal mit dem Gedanken vertraut gemacht hat, daß die Maya jedes Ding, ja selbst jedes Abstraktum als beseelt und von göttlichem Geist durchdrungen ansehen.

Mit der folgenden Tabelle seien nochmals alle Tagesgottheiten vergegenwärtigt. Anschließend werde ich am praktischen Beispiel demonstrieren, wie der Tzolkin im Alltag der klassischen Maya funktioniert haben mag.

Ordnungs-zahl	Tages-name	Bedeutung	Tages-zeichen	Tages-gottheit	Zugleich Gottheit der Zahl ...
•	Imix	Seerose, Krokodil		Mam	Fünf 
••	Ik	Wind		Ik	Drei 
•••	Akbal	Nacht		Alter Todesgott	Zehn 
••••	Kan	Gelb, Reife		Mam	Fünf 
—	Chicchan	Himmels-schlange		Kukulkán	–
• —	Cimi	Tod		Alter Todesgott	Zehn 
•• —	Manik	Hirsch		Kukulkán	–
••• —	Lamat	Hase, Kaninchen		Ixquic Ixbalanqué	Eins 
•••• —	Muluc	Wasser		Jg. Maisgott Mam	Acht  Fünf 
═	Oc	Hund		Hundegott Tzul	–

Ordnungs-zahl	Tages-name	Bedeutung	Tages-zeichen	Tages-gottheit	Zugleich Gottheit der Zahl ...
	Chuen	Affe		Affengötter v. a. Hunchuen	–
	Eb	Totenkopf		Einsjäger Jg. Maisgott	Acht 
	Ben	Rohr		Jg. Maisgott	Acht 
	Ix	kleiner Jaguar		Ixbalanqué Ixquic	Eins 
	Men	Adler		Ahau	–
	Cib	Eule		Alter Todesgott	Zehn 
	Cabán	Erde, Erdbeben		Ixquic	Eins 
	Edznab	Feuerstein		Kukulkán	–
	Cauac	Regenwolke		Alter Regengott	Sechs 
	Ahau	Großer Herr		Ahau	–

Anwendungsbeispiel (erster Teil)

Der Tag, an dem ich diese Zeile schreibe, ist nach unserem Gregorianischen Kalender Montag, der 22. Dezember 1997. Nach dem Kalendarium der Maya wäre dieses Datum so zu schreiben:

1) Tzolkin: ***10 Ahau***
2) Haab: ***18 Mac***
3) Lange Zählung: ***12.19.4.14.0***

Lassen wir die Zeilen 2) und 3) vorerst außer acht und betrachten einzig das Tzolkin-Datum etwas genauer. Anhand der obigen Tabellen können wir folgende Feststellungen treffen[15]:

Die Regenten des Tzolkin-Tages 10 Ahau

 Die Zahlengottheit dieses Tages 10 (lahun) ist der Alte Totengott. Insofern steht der Tag also im Zeichen von Scheitern, Krankheit und Tod.

 Der Tzolkin-Regent des Tages Ahau aber ist der Junge Sonnengott Hunahpú, der für Licht und Gelingen steht.

Wahrsagung aufgrund der Tzolkin-Götter

An *lahun Ahau* treten die mythischen Heldenzwillinge, insbesondere der junge Sonnengott Hunahpú, stets aufs neue gegen die Mächte der Unterwelt an. =  ist ein Tag der extremen Spannungen und Widersprüche: Außerordentlich kühne Taten können an diesem Tag gelingen, aber auch auswegloses Scheitern droht dem Wagemutigen an = .

Wer an diesem Tag geboren ist, dessen gesamtes Leben wird im Zeichen extremer, schmerzhafter, fast zerreißender Spannungen stehen: In genialische Höhen kann sich der Betreffende aufschwingen, fast wie der junge Sonnengott Hunahpú. Doch durch den Totengott, der stets an seiner Seite tänzelt, drohen ihm ständig auch Schwächung und ein früher, tragischer Tod.

Um das prophetische Potential des Maya-Kalenders zu nutzen und folglich die Einflüsse, denen man an einem bestimmten Tag (bzw. aufgrund seines Geburtstages) unterliegt, umfassender zu würdigen, müssen wir allerdings zumindest Zahlen- und Monatsgottheiten des Haab-Datum *18 Mac* noch einbeziehen. Wenden wir uns daher nun dem zweiten großen Kalender der klassischen Maya zu, dem Haab oder Sonnenjahr, das auch »unscharfes Jahr« genannt wird.

7
Der Sonnenkalender Haab

Anders als der archaische Tzolkin setzt der Sonnenkalender der Maya fortgeschrittene astronomische Kenntnisse voraus: Ein Umlauf des Haab entspricht ungefähr einem Sonnenzyklus. Die Abweichung von der tatsächlichen Länge des Sonnenjahres (365 statt $365\frac{1}{4}$ Tagen) war den Maya bewußt; um jedoch nicht mit »gottlosen« Bruchzahlen rechnen zu müssen, nahmen sie in Kauf, daß das Haab oder »unscharfe Jahr« mit jedem Umlauf etwas mehr vom tatsächlichen Sonnenjahr abwich.

Wie verhielt sich das Haab zum erheblich älteren Tzolkin? Maßgeblich für beide Kalendersysteme war die Basisgröße des Vigesimalsystems: die Zwanzig. Während sich die 260 Tzolkin-Tage in 13 Einheiten à 20 Tage teilen ließen, zerfiel das Sonnenjahr in 18 Einheiten gleicher Größe – gefolgt von einem in jeglicher Hinsicht unerfreulichen »Rest« von fünf Tagen am Ende des Sonnenjahres.

»Monate« waren diese Zähleinheiten des Haab sowenig wie die des Tzolkin; mit dem Mondzyklus stimmten ja auch sie nicht überein. Vielmehr sprachen die Maya von den 18 *Uinals* des Haab, was deutlich an *Uo* – »Frosch« – anklingt und die Vermutung nahelegt, daß wir es auch hier mit Geisttieren (Naguals) amtierender Götter zu tun haben.

Die 19. Zähleinheit aber, welche man zum Ende eines Jahres anfügte, umfaßte statt 20 lediglich fünf Tage und wurde mit dem unheilschwangeren Namen »Uayeb« – »Verwandler« – bezeichnet: Es waren die Tage des Chaos, der gottlosen Finsternis, des furchtbaren Nichts oder der Kluft, die nach Überzeugung der Maya zwischen zwei Jahren ebenso wie zwischen der Zerstörung des alten und der Schöpfung eines neuen Universums klaffte.

Rätselhafte »Monatsnamen«

Während sich der Tzolkin noch bei den heutigen Maya großer Beliebtheit erfreut, geriet ihr Sonnenkalender mit dem Niedergang der klassischen Kultur mehr und mehr in Vergessenheit. Unser Wissen um die Bedeutung der einzelnen »Monatszeichen« oder Uinals ist folglich noch lückenhafter als bei den Tzolkin-Tageszeichen. Dennoch müssen wir auch hier zumindest teilweise widersprechen, wenn ein um mythologische Hintergründe eher unbekümmerter Maya-Forscher behauptet:

»Diese Monatsnamen scheinen in ihrer Bedeutung keinen engen Bezug zu den Jahreszeiten oder zu bestimmten Festen gehabt zu haben, denn sie sind zum großen Teil aus alter Zeit tradiert, vielleicht sogar aus fremden Kulturen und Sprachen übernommen; und sie hatten daher wohl auch für die spätklassischen Maya keine über ihre kalendarische Funktion hinausgehende Bedeutung mehr. Hierin sind sie unseren Monaten nicht unähnlich, von denen auch kaum jemand mehr die ursprüngliche römische Bedeutung kennt.«[1]

Tatsächlich können wir in etlichen Fällen allenfalls spekulativ Verbindungen zwischen dem einzelnen Uinal und den Göttern herstellen, die nach dem Bericht des unseligen Bischofs Landa den betreffenden »Monat« regierten. Jedoch spricht nichts für die Annahme, daß diese Zusammenhänge schon lange vor der Ankunft der Konquistadoren selbst für die schriftkundige Elite der Maya bedeutungslos oder gar unverständlich geworden seien. Vielmehr müssen wir vermuten, daß erst die eifernden Missionare auch dieses Wissen größtenteils vernichteten, indem sie die Priester der Maya töteten und ihre klassischen Dokumente dem Feuer preisgaben.

Zahlen- und Monatsgötter

Nicht anders als die 13 Uiniks des Tzolkin wurden auch die 18 Uinals des Haab in 20 Tage untergliedert. Im Sonnenkalender zählte man jedoch die Tage eines jeden Uinals nicht einfach von 1 bis 20 durch, sondern bezifferte den »ersten« Tag mit der Null: Schließlich war in dem Moment, da eine neue Einheit begann, von dieser noch keinerlei Zeit verstrichen.

Abgesehen von dieser Besonderheit verfuhren die Kalenderpriester bei der Haab-Zählung jedoch nicht anders, als wir es noch heute bei der Numerierung unserer Monate gewohnt sind: Man zählte die Tage eines jeden Uinals vom ersten bis zum letzten durch:

0 Pop
1 Pop
2 Pop
...
19 Pop
0 Zip
1 Zip
...
19 Zip
0 Zotz
...

Da man Brüche als gottlos verabscheute (schon der Uayeb war nur das furchtbare Viertel eines Uinals), konnte man auch nicht die Vierteltage, um die das Haab hinter dem Sonnenjahr zurückblieb, nach westlicher Manier ansparen, bis sich alle vier Jahre ein Schalttag ergab. Sowenig wie der Tzolkin stimmte somit das Haab mit dem wirklichen Sonnenzyklus überein; ein Makel, den die Mathematiker der Maya erst in ihrer Langen Zählung überwinden konnten.

Nähern wir uns nun aber so respektvoll wie wißbegierig den »Monats«-Göttern und ihrer Naguals, soweit sie sich aus den spärlichen und nicht durchweg vertrauenswürdigen Zeugnissen rekonstruieren lassen.

Pop – der erste Monat

Eine Bürde aus Furcht und Schrecken fiel von den klassischen Maya ab, wenn mit Anbruch des Neujahrstages, dem Datum *mi Pop*, der Abgrund des Uayeb überwunden war.

Wörtlich heißt *Pop* »Matte«, womit indessen die besondere Unterlage gemeint ist, auf welcher sich der Oberste der Gemeinschaft niederließ.[2] Im übertragenen Sinn verweist das Wort somit auf den »König« oder »Herrscher«, und eben dies feierten die Maya mit Beginn des neuen Haab-Jahres: das Ende der herrscherlosen Zeit und den Beginn einer neuen Ära, mit der ein Regent im Himmel wie auf Erden wieder für Ordnung sorgte.

Dürr vermerkt Landa in seinem Bericht über die Angelegenheiten der Maya: Zu Anfang eines jeden Monats Pop und folglich auch des Haab ergingen sich die Maya in Neujahrszeremonien.[3] Demnach dürfen wir annehmen, daß der himmlische Herrscher des Monats Pop niemand anderes als eben jene Gottheit war, der man nach dem Glauben der Maya die Existenz dieser Schöpfung verdankte: der Alte Sonnengott *Ahau Kin*, den die klassischen Maya auch unter dem Namen *Itzamná* als ihren Schöpfergott verehrten. Mit ihm begann das Universum; mit Zeremonien zu seinen Ehren hob folgerichtig auch das Jahr an.

Monatsname	***Pop*** 
Ordnungszahl	***1***
Bedeutung	***Herrscher (Matte)***
Monatsgottheit	***Ahau Kin (Itzamná), der alte Sonnengott ➻ Herr Vier*** 

Uo – der zweite Monat

Die Glyphe dieses Monats leitet sich von einem Frosch ab - ein weiteres Beispiel für Wortspiele und Vieldeutigkeiten, die für die Maya so charakteristisch sind. Denn *Uo* bedeutet wörtlich sowohl »Frosch« als auch »Zeichen«. Indem sie die Einheiten des Haab *Uinal* nannten, erhoben die Kalenderpriester der Maya den »Frosch« selbst zur maßgeblichen Kategorie: Statt von Monaten müßten wir eigentlich von »Froschheiten« sprechen.

Als »Frosch« aber ist der Uo überdies - oder zuvörderst - ein Nagual: das Geisttier derjenigen Gottheit, die diesen zweiten Monat des Haab beherrscht. Welche Gottheit mag sich hinter der Froschmaske verbergen? Als Wassertier gehört der Frosch in den Machtkreis der Wasserurgöttin Mam, aber wohl auch zum Regengott Chac, dem populären Regenten der Zahl Sechs.

Indessen scheinen zumindest die postklassischen Maya (nach Landas oftmals beklagenswert ungenauen Angaben) ihren Schöpfergott Itzamná auch als Regenten des zweiten Uinals angesehen zu haben. Nach allem, was wir heute wissen, ist *Uo* demnach ein Monat des Übergangs: zwischen dem Vormonat *Pop*, mit dem er sich einen Regenten teilte, und dem Folgemonat *Zip*, für dessen Feierlichkeiten man im Zeichen des Frosches aufwendige Vorbereitungen traf: »Im Monat Uo bereiteten sie sich mit Fasten und anderen Verrichtungen auf das Fest der Priester, Ärzte und Zauberer vor, was bei ihnen alles das Gleiche war.«[4]

Monatsname	***Uo*** 
Ordnungszahl	***2***
Bedeutung	***Frosch, Zeichen***
Monatsgottheiten	***Ahau Kin (Itzamná) ➻ Herr Vier***
	Mam (Ixmucané) ➻ Frau Fünf 
	Chac ➻ Herr Sechs 

Zip – der dritte Monat

Nicht nur der Tzolkin-Tag Manik, auch der dritte Monat des Haab steht hauptsächlich in seinem Zeichen, denn *Zip* ist nur ein weiterer Name für den Hirsch. Wer sich hinter diesem Nagual verbarg, haben wir bereits erfahren: Es ist kein Geringerer als Tohil oder Kukulkán, die Feuerschlange, der »Donnerer«, der mächtigste und Hauptgott Mesoamerikas – jene bedenkenlose Wesenheit, die ihren Priestern riet, sich in Hirschfelle zu hüllen, um die Gläubigen mit der vermeintlichen Erscheinung des himmlischen Herrschers zu schrecken.

»Hirsch« war somit vornehmlich der Monat der Jäger und Fischer, deren Gottheit man durch Jagdzeremonien gewogen zu stimmen versuchte. Nach den Angaben Landas aber feierten zumindest die nachklassischen Maya im Monat Zip überdies Ixquic, die Göttin der Heilkunst und Fruchtbarkeit.

Was haben diese beiden – die männliche Feuerschlange und die junge Mondgöttin – gemeinsam? Nach verschiedenen Zeugnissen handelt es sich hier wie dort auch um Gottheiten der Sexualität: Während Ixquic, wie wir bereits hörten, nicht zuletzt als Patronin zügelloser Sinnlichkeit verehrt wurde, verkörperte Kukulkán – dessen Urbild der mexikanische Gott Quetzalcoátl sein dürfte – gewisse sexuelle Praktiken, die den Widerwillen der Maya erregten.

Ohne auf skandalöse Einzelheiten dieser Art einzugehen, schildert Landa in seiner weitschweifigen Manier die Zeremonien des Monats Zip: Zunächst versammelten sich die Heiler und Zauberer zusammen mit ihren Frauen in einem Haus, wo die Priester als erstes »den Dämon austrieben«. Sie nannten ihre Feier *Ihcil Ixchel*; ihr Idol, die junge Mondgöttin, trugen sie bei sich, und diese riefen sie nun unter Verbrennung großer Mengen Weihrauch wieder und wieder an. Auch tanzten sie einen rituellen Tanz namens *Chantun-yab*; dann setzten sich Männer und Weiber jeder auf seiner Seite nieder, aßen von den Geschenken und betranken sich. Nur die Priester, die Hüter des Weines, blieben nüchtern und warteten (so Landa) den Moment ab, in dem sie unter sich sein würden, um sich unbeobachtet gleichfalls betrinken zu können.

Ähnlich ging es am folgenden Tag zu, der dem Fest der Jäger gewidmet war: Man trieb den Dämon aus und brachte Weihrauchopfer dar. Während diese verbrannten, holten die anwesenden Jäger jeder einen Pfeil und einen Hirschschädel hervor, den die Hilfspriester mit blauem Teer einrieben. Mit diesen Schädeln in den Händen tanzten sie sodann, während sich andere Festteilnehmer Ohren oder Zunge durchbohrten und breite Gräser namens *Ac* durch die Wundlöcher zogen, um ihr Blut zu opfern. Anschließend wurde wieder getanzt und bis zur Besinnungslosigkeit Wein getrunken. Ebenso verfuhren tags darauf die Fischer, nur mit dem Unterschied, daß sie statt Jagdgeräten ihre Angelinstrumente von den Priestern weihen ließen.[5]

Wie wir diesen Berichten unschwer entnehmen können, hat der eifernde Missionar keine allzu großen Anstrengungen unternommen, seinen Lesern den Geist dieser Zeremonien und deren subtile Nuancen nahezubringen. Allerdings war die einst komplexe Religion der Maya zu diesem Zeitpunkt vielerorts wohl in der Tat zur bloßen Beschwörung von Naturdämonen herabgesunken. So oder so vermögen wir aus der historischen Distanz kaum mehr zu erkennen, was genau die aufwendigen Feierlichkeiten bedeuteten und welche Verbindungen – über die erwähnte hinaus – zwischen der »Feuerschlange« und der jungen Mondgöttin möglicherweise bestanden.

Monatsname	***Zip*** 
Ordnungszahl	***3***
Bedeutung	***Hirsch***
Monatsgottheit	***Kukulkán (Tohil)***
	Ixquic ➻ Frau Eins 

Zotz – der vierte Monat

Zotz ist die Fledermaus, und ihr sind wir eingangs dieses Buches schon einmal begegnet: In Xibalbá unterhielten die Herren der Unterwelt ein ganzes Fledermaushaus, dessen geflügelte Bewohner von Camalótz, dem furchtbaren Todesvampir, angeführt wurden. Die Fledermaus ist somit ein Nagual des Todesgottes, den das Maya-Volk der Tzotziles (»Fledermausmenschen«) noch heute unter dem Namen *Chamalcán* als einen Hauptgott verehrt.

Dieser Fledermausgott ist, wie kaum anders zu erwarten, eine durchweg unheimliche Erscheinung. »Der durch den Rauch schlich«, heißt es im *Popol Vuh*, »hatte die Gestalt der Fledermaus. Flügelflatternd raubte er das Feuer. ... Alle Stämme vollbrachten Opfer vor ihm, und die Herzen wurden unter den Rippen, unter der Achsel herausgerissen.«[6]

Für die klassischen Maya zählte Zotz also zu den von Todesgottheiten regierten Uinals, von denen wir noch etliche weitere kennenlernen werden.

Monatsname	***Zotz*** 
Ordnungszahl	***4***
Bedeutung	***Fledermaus***
Monatsgottheit	***Fledermaus-Todesgott Chamalcán***
	➻ Herr Zehn 

Tzec – der fünfte Monat

Der Monat Tzec - ein Wort unbekannter Herkunft, das anscheinend »Biene« bedeutet - stand für die klassischen Maya unter der Herrschaft der sogenannten *Bacabes*, ihrer Atlasse oder Richtungsgötter, von denen Landa berichtet:

Unter den zahlreichen Götzen dieses Volkes waren vier namens Bacab, die sie für Brüder hielten und von denen sie glaubten, Gott habe sie bei der Schöpfung eingesetzt, um die vier Ecken des Himmels zu halten, damit dieser nicht einstürze. Als die Welt durch die Sintflut vernichtet wurde, entkamen die Bacabes, und jeder von ihnen hat einen eigenen Namen, der zugleich die Ecke der Welt bezeichnet, wo Gott ihn hingestellt hat.[7]

Wie wir noch sehen werden, waren die Bacabes nicht allein Atlasse, sondern auch Jahresgottheiten, zusammen mit den Jahresträger-Göttern, die jeweils ein Jahr beherrschten.

Vielfach wurde der Bacab auch als eine einzige, indes vierfaltige Gottheit angesehen - ähnlich der Neunfaltigen Gottheit der Unterwelt und der Dreizehnfaltigen des Himmels - und zugleich als Sohn des Schöpfergottes Itzamná verehrt.

Jedem der Bacabes (oder jedem Aspekt des einzigen Bacab) wurde eine Himmelsrichtung und dieser wiederum eine Farbe zugeordnet; hierbei war bei den Maya folgende Unterscheidung üblich: Roter Bacab des Ostens - Weißer Bacab des Nordens - Schwarzer Bacab des Westens - Gelber Bacab des Südens. Letzterer wurde auch Hobnil genannt und galt als wichtigste Gottheit des Monats Tzec.

In diesem Uinal begingen die Maya im übrigen das Fest der Imker, von dem Landa berichtet: Bei dieser Feier riefen sie die Bacabes und vornehmlich den Hobnil an. Sie opferten reichlich, insbesondere opferte jeder eine Kugel aus Weihrauch, auf der mit Honig Figuren aufgemalt waren, denn um den Überfluß an Honig betete man bei diesem Fest. Da die Imker große Mengen an Honig in den Wein gegeben hatten, endete auch diese Feier (so Landa) mit allgemeiner Trunkenheit.[8]

Monatsname	***Tzec*** 
Ordnungszahl	***5***
Bedeutung	***Biene (?)***
Monatsgottheiten	***Bacabes ➻ Jahresträger***

Xul – der sechste Monat

Ebenso wie der Tagesname Oc steht auch das Monatszeichen *Xul* für »Hund«. Wie oben dargestellt, galt die Hundegottheit Tzul den Maya als Verkörperung des Todes, der Verwesung, der scheußlichsten Seiten von Xibalbá. Xul ist folglich das Nagual jenes Todesgottes, den der Kodex Dresden in obszöner Umschlingung mit Ta Ch'om, dem »Kot fressenden Geier«, zeigt.

Diese finstere Regentschaft scheint jedoch in postklassischer Zeit in Vergessenheit geraten oder überdeckt worden zu sein durch aufwendige Feiern zu Ehren des himmlischen Feuerschlangen-Gottes Kukulkán, von denen Landa überliefert:

Am 16. des Xul versammelten sich die Adligen und die Priester in Maní vor einer großen Menge von Menschen, die nach sorgsamer Vorbereitung durch Fasten und Enthaltsamkeit in die Stadt geströmt waren. Im Tempel des Kukulkán verrichteten sie viele Gebete, schmückten den Tempel mit fünf sehr hübschen Fahnen und stellten im Tempelhof alle ihre Idole aus. Dann zündeten sie den Weihrauch an, bereiteten die Opfergaben und verbrachten fünf Tage und Nächte mit Tänzen und Gebeten. Wie sie sagten, sei am letzten Tag Kukulkán vom Himmel herabgestiegen und habe ihre Dienste und Gaben angenommen.[9]

Monatsname	***Xul*** 
Ordnungszahl	***6***
Bedeutung	***Hund***
Monatsgottheiten	***Hundegott Tzul***
	Himmelsgott Kukulkán

Yaxkin – der siebte Monat

Zwei Uinals des Sonnenkalenders wurden offenkundig von den Sonnengöttern beherrscht: *Yaxkin*, der Monat der Frühlings-Tagundnachtgleiche, und Kankin, der Uinal der Sonnenwende im Herbst. Das Maya-Wort *Yax* bedeutet sowohl »Eins« als auch »Grün«; Yaxkin ist somit der Uinal der »grünen«, also frühlingshaften Sonne, der ersten Tagundnachtgleiche eines Jahres.

Wenngleich man bei Sonnengötterfesten stets auch des Alten Sonnengottes Ahau Kin oder Kinich Ahau gedacht haben wird – des populären »Urvaters« und machtlosen Gatten von Mam-Ixmucané –, war Yaxkin doch ohne Zweifel vor allem der Monat des strahlendsten der jungen Maya-Götter: des Xibalbá-Bezwingers und jungen Sonnengottes Hunahpú. Als jugendlicher Heros schwebte er über Yucatán, mit seinem »grünen« Strahl die Weltachse in den Himmel malend, und sein Glanz, seine Wärme, seine blendende Größe boten den Maya Hoffnung auf reiche Ernte und ein fruchtbares Jahr.

Monatsname	***Yaxkin*** 
Ordnungszahl	*7*
Bedeutung	***Eins Sonne, Grüne Sonne***
Monatsgottheiten	***Hunahpú; Ahau Kin***
	➻ ***Herr Vier*** 

Mol – der achte Monat

Nach dem Glauben der Maya hatten einst allein die Bacabes – ihre Atlasse oder Richtungsgötter – die Sintflut überlebt. Wenig verwunderlich daher, daß der Uinal *Mol* – »Wasser« – von den *Acantunes* regiert wurde: geschnitzten Götterbildern, welche die Maya in ihren Städten oder an den Ausgängen der Tempel entsprechend den Himmelsrichtungen aufstellten. Und als gelte es, in jedem Jahr die Sintflut noch einmal zu überwinden, schnitzten die Priester der Maya just im Monat »Wasser« neue Idole, die für sie die Sintflutüberwinder verkörperten:

Die zur Anfertigung der Idole bestimmten Hilfspriester, so Landa, begannen mit dem vorgeschriebenen Fasten; währenddessen wurden andere ausgesandt, um Zedernholz zu schlagen, aus dem die Idole gefertigt werden sollten. Dann wurde den Acantunes Weihrauch geopfert, und die Hilfspriester schnitzten die neuen Idole, wobei sie sich wieder und wieder zur Ader ließen, um die Stelen mit ihrem Blut zu tränken. Während der ganzen Zeit, bis die Götterbilder vollendet waren, durften die Betreffenden nichts essen und nicht bei ihren Frauen liegen; diese durften sie auch tagsüber nicht besuchen und ihnen nicht einmal im Traum erscheinen.

Monatsname	***Mol*** 
Ordnungszahl	***8***
Bedeutung	***Wasser***
Monatsgottheiten	***Acantunes***
	(Bacabes ➻ Jahresträger)

Chen – der neunte Monat

Wie die Tzolkin-Tage Imix und Muluc, unterscheiden sich hinsichtlich ihrer sakralen Symbolik auch die Uinals Mol und *Chen*: Die einen - Imix bzw. Mol - repräsentieren die wilden, urtümlichen Fluten; die anderen - Muluc bzw. Chen - das gezähmte, nutzbar gemachte Wasser. Tatsächlich bedeutet Chen noch im heutigen yucatekischen Maya »Teich«, und eine Glyphe dieses Wortes stellt den Teich gar als fischhaltiges Gewässer dar.[10] Wir befinden uns also abermals im Bannkreis des jungen Mais-Fisch-Gottes, dessen Nagual - der Fisch - hier wie dort die heilige Neun regiert: den neunten Tzolkin-Tag nicht minder als den neunten Monat des Haab.

Monatsname	***Chen*** 
Ordnungszahl	**9**
Bedeutung	***Teich (Fische)***
Monatsgottheit	***Der junge Maisgott***
	➻ ***Herr Acht*** 

Yax – der zehnte Monat

Wir erreichen nun die Mitte des Sonnenjahres: An *mi Yax* liegen 180 Tage hinter uns und ebenso viele vor uns (gefolgt von den grausigen fünf namenlosen Tagen im 19. »Monat« Uayeb). Kein Wunder also, daß die Maya diesen Uinal im Zentrum ihres Jahres nach der Farbe benannten, die für sie auch die Farbe der Weltachse war: *Yax* bedeutet »Grün«, genauer gesagt »Blaugrün«, ein Farbton, in dem das Himmelblau mit dem Grün der Felder und Wälder verschmilzt.

Nach Chen – »Teich«, »Fische« –, dem Uinal des jungen Mais-Fisch-Gottes, der Aussaat und des ersten Keimens, treibt im Monat Yax nun also das satte Grün der Maispflanzen aus. Wer sonst sollte der Gott dieses grünsten aller Monate sein – wenn nicht der »Donnerer« und »Pinkler«, der so theatralische wie populäre Regengott Chac?

Auch nach Landa zelebrierten die Maya im Monat Yax traditionelle Feiern zu Ehren der »Chaces« (wie alle Götter der Maya, konnte auch der Regenregent als Vielheit auftreten, vorzugsweise als Quartett aus Regenherren, entsprechend der Zahl der Windrichtungen und der Himmelsgegenden). Bei diesen Festen, die »Erneuerung des Tempels« hießen, ehrte und beschwor man die Chaces als »Götter der Maisfelder« und reinigte die Idole und deren Tempel oder erneuerte die Mauern der heiligen Stätten, an denen die Maya ihre Götter verehrten.[11]

Monatsname	***Yax*** 
Ordnungszahl	***10***
Bedeutung	***Grün (Blaugrün)***
Monatsgottheit	***Regengott Chac ➻ Herr Sechs*** 

Zac – der elfte Monat

Wörtlich bedeutet *Zac* »Weiß«, eine Farbe, die bei den Maya für die Himmelsrichtung Westen (»Weißer Bacab des Westens«), aber auch für den (weißen) Hirsch stand. Auch nach Landa verehrten die Maya als Monatsregenten die Jagdgottheiten Acanum und »Zuhuy Zip« (»jungfräulicher Hirsch«). Wir können also davon ausgehen, daß niemand anderes als Tohil (Kukulkán) der himmlische Herrscher dieses Uinals war: Der Hirsch ist, wie gesagt, eines der Naguals dieses vielgestaltigen Gottes, dessen Gunst man vor Beginn der Jagdzeit mit rituellen Opferfesten erbat.

Monatsname	***Zac*** 
Ordnungszahl	***11***
Bedeutung	***Weiß (Hirsch)***
Monatsgottheiten	***Acanum, Zuhuy Zip (Tohil)***

Ceh – der zwölfte Monat

Wir verlassen zwar den Monat Zac, nicht aber den Bannkreis des Hirsches: *Ceh* bedeutet »Rot« bzw. »Rotwild«; im engeren Sinn bezeichnet das Wort eine Rasse kleinerer mesoamerikanischer Hirsche, denen in der Ikonographie der Maya spezielle Bedeutung zukommt: als Kopulationspartner eines mächtigen Hirschgottes, den wir unschwer als Tohil (Kukulkán, Himmelsgott) identifizieren können.

Generell verkörpert der Hirsch für die Maya Sexualität und Fruchtbarkeit. Hirschpenisse erfreuen sich noch unter den heutigen Maya großer Beliebtheit: Aus ihrem Fleisch und dem zermahlenen Knochen werden Aphrodisiaka gefertigt, von deren Konsum man sich göttliche Potenz erhofft.

Zahlreiche Tonfiguren aus nachklassischer Zeit zeigen den Hirsch gar im Geschlechtsakt mit einer jungen Frau. Diese auf den ersten Blick skandalösen Darstellungen schildern indessen keinen sodomitischen Akt, sondern die Vereinigung zweier Gottheiten, deren eine in ihrer Menschengestalt auftritt, die andere als Nagual. Da der männliche Hirsch den Maya als »Sonnentier« galt, assoziiert mit der himmlischen Feuerschlange Kukulkán, liegt die Folgerung nahe, daß sich auch hinter der weiblichen Rolle eine Himmelsgottheit verbirgt.

Kurz gesagt: Die kopulierende Hirschdame – ob als Menschenfrau oder »Frau Ceh« – ist anscheinend niemand anderes als die uns wohlbekannte junge Mondgöttin Ixquic, die hier einmal mehr einen Himmelsgott umarmt.

Die Folgen dieser himmlischen Romanze lassen im übrigen nicht allzu lange auf sich warten – zumindest dürfen wir annehmen, daß ein Uinal für kopulierende Götter kaum einen Lidschlag währt ...

Monatsname	***Ceh*** 
Ordnungszahl	***12***
Bedeutung	***Rot, Rotwild, kleiner Hirsch***
Monatsgottheiten	***Tohil (Kukulkán)***
	Ixquic ➻ Frau Eins 

Mac – der 13. Monat

Wenn sich Götter leidenschaftlich umarmen, entstehen zunächst einmal gewaltige Donner und Blitze oben am Himmel, gefolgt von tosenden Regengüssen, die den Maya reiches Wachstum in Wäldern und auf Feldern verhießen: *Mac* (was möglicherweise »Busch« bedeutet) ist der Monat des Regengottes und des großen Schöpfergottes, der himmlischen Ergüsse und der irdischen Trächtigkeit. Vor allem anderen aber ist es der Uinal der heiligen Dreizehnfaltigkeit, also schon aufgrund seiner Ordnungszahl innerhalb des Haab ein ausgezeichneter Monat, der unter besonderer Obhut der (männlichen) Himmelsgötter steht.

Entsprechend zelebrierten die Maya noch zu Landas Zeiten im Monat Mac langwierige Feiern zu Ehren Chacs und Itzamnás: Im Hof des Tempels schichteten sie Bündel mit trockenen Ruten auf, zündeten sie an und schnitten sodann die Herzen zahlreicher Opfertiere heraus, die sie in die Flammen warfen. Nachdem die Herzen verbrannt waren, löschten sie die Feuer mit Wasserkrügen. Von dieser Zeremonie erhoffte man sich im betreffenden Jahr genügend Wasser für die Maisfelder. Danach feierten die Maya nach vorgeschriebenen Regeln und mit größter Frömmigkeit ein Fest zu Ehren Chacs und Itzamnás und gingen endlich voller Trost auseinander, zuversichtlich, daß sie sich durch solchen Götterdienst eine gute Ernte gesichert hatten.[3]

Monatsname	***Mac*** 
Ordnungszahl	***13***
Bedeutung	***Busch (?)***
Monatsgottheiten	***Chac ➻ Herr Sechs*** 
	Itzamná (Ahau Kin ➻ Herr Vier  ***)***

Kankin – der 14. Monat

Kankin ist der Erntemonat, und der Name besagt genau dieses: *Kan Kin* – »gelbe Sonne«, »reife Sonne« – ist das herbstliche Zentralgestirn, der in sattem Maisgold über Yucatán schwebende Sonnengott Hunahpú. Wurden alle Gebete erhört, alle Zeremonien richtig ausgeführt, alle göttlichen Wünsche erfüllt und die himmlischen Ratschlüsse beherzigt, so kann nun zur herbstlichen Tagundnachtgleiche reiche Ernte eingefahren werden – auf den Maisfeldern, aber auch unter den unseligen Gefangenen der Maya, denen die Nacomes, die Opferpriester, die Herzen aus der Brust schnitten, nicht weniger eifrig als die Schnitter auf den Feldern, die das reife Getreide einbrachten. Korn strömte in die Speicher, und Blut floß zu Ehren der Götter, denn diese beiden kostbaren Ströme bedingten einander so untrennbar wie die Erde und der Himmel von Yucatán.

Monatsname	***Kankin*** 
Ordnungszahl	***14***
Bedeutung	***gelbe Sonne, reife Sonne***
Monatsgottheiten	***Hunahpú; Ahau Kin***
	➻ ***Herr Vier*** 

Muan – der 15. Monat

Wie wir bereits erfuhren, ist der rätselhafte Göttervogel Oxlahun Muan - »Dreizehn Eule« - zwar mit dem Unterwelt-Jaguargott (Herrn Sieben), doch ebenso (durch die himmlische Zahl 13) mit den Himmelsgöttern assoziiert. Dagegen scheint der Uinal *Muan* nicht mit dem Himmel, sondern einzig mit der Unterwelt in Verbindung zu stehen: Die Eule ist das Nagual eines Unterweltgottes, und zwar vermutlich des schwarzen »Gottes M«, wie ihn Schellhas nannte.

Diese finstere Gottheit, die uns vor allem in den Kodizes häufig begegnet, ist durch eine außerordentlich lange Nase und durch ihre schwarze Körperbemalung charakterisiert. Bemerkenswerterweise wird sie einerseits mit dem Handel verbunden und gilt gar als göttlicher Patron der Kaufleute[13]; andererseits ist sie durch ihr Schwert und den Skorpionschwanz eindeutig mit Krieg und Unterwelt assoziiert.

Nach verschiedenen Quellen aus der Zeit der Konquistadoren heißt dieser Gott »Ekchu(a)h«, »Schwarzer Skorpion«. Die dunkle Farbe verbindet ihn nicht nur mit seinem mutmaßlichen Nagual - der Eule –, sondern auch mit der göttlichen Substanz, die nach Landa im Zentrum der Zeremonien dieses Uinals stand:

Im Monat Muan machten die Maya ein Fest für die Götter Ekchuah, Chac und Hobnil. Hierfür gingen sie von

Gott M ist wahrscheinlich der Regent des Uinals Muan.

einem Acker zum anderen, wo sie einen gescheckten Hund von der Farbe des Kakaos opferten, ebenso Weihrauch vor den Idolen verbrannten und jedes Götterbild eine Kakaoschote als Geschenk erhielt.[14]

Spätestens der Kakao, diese so vorzügliche Götterspeise, sollte uns in Erinnerung rufen, daß Attribute und Gefilde wie *Schwarz, Nacht, Unterwelt* bei den Maya durchaus nicht nur negativen Klang besaßen – wie ja selbst der Todgeweihte auf dem Opferstein seiner Enthauptung ohne Zagen entgegensah: zuversichtlich, seine baldige Wiedergeburt erwirkt zu haben.

Monatsname	***Muan*** 
Ordnungszahl	***15***
Bedeutung	***Eule***
Monatsgottheiten	***Ekchu(a)h***
	Itzamná, Chac ➻ Herr Sechs 

Pax – der 16. Monat

Wie bereits die Glyphe andeutet, steht *Pax* für ein geflecktes Katzentier, das sich indessen sowenig identifizieren läßt wie die exakte ursprüngliche Bedeutung dieses Monatsnamens. Nach Landa feierten die Maya im Pax ein Fest zu Ehren von »Vater roter Puma«. Hinter diesem gemütvollen Namen verbirgt sich der schaurige Kriegsgott Cit Chac Coh, dessen Beistand für allfällige Kriegszüge man durch beträchtliche Blutopfer zu erringen suchte. Wir dürfen also folgern, daß Pax noch für die klassischen Maya ein Puma war, der als Nagual des Kriegsgottes galt. Der Puma wiederum, der »Sonnenlöwe«, macht Cit Chac Coh als kriegerischen Aspekt des Sonnengottes (Ahau, Hunahpú) kenntlich, der somit letzten Endes auch den Monat Pax regieren dürfte:

In diesem Uinal erbaten die Maya den Schutz des *zornigen Sonnengottes,* auf daß dieser ihnen half, ihre Feinde ebenso niederzumetzeln, wie die Nacomes während der Monatszeremonien mit den Opfern verfuhren: Man warf den Todgeweihten rücklings auf den Altar; vier Hilfspriester drückten seine Hand- und Fußgelenke nieder, so daß sich die Brust dem Messer entgegenwölbte. Nackt lag das Opfer auf dem Stein, und seine Seele schwebte schon aus dem zu einem lautlosen Schrei geöffneten Mund hervor, während der Nacom mit sorgsamem Schnitt die Brust über dem Herzen öffnete.

Pax war der Monat des furchtbaren Zorns.

Monatsname	***Pax*** 
Ordnungszahl	***16***
Bedeutung	***Puma, Katzentier (?)***
Monatsgottheit	***Cit Chac Coh (Hunahpú)***

Kayab – der 17. Monat

Aus heutiger Sicht läßt sich das Wort *Kayab* als »Schildkröte« deuten; doch die Glyphe zeigt eindeutig einen Papageienkopf. Mißtrauisch sollte uns auch der Umstand stimmen, daß Kayab noch den heutigen Maya als Monat der Mißgeschicke gilt: Wäre es ein Uinal »Schildkröte«, so stünde der Monat unter der Regentschaft der Urahnin Mam und könnte demnach gewiß nicht als Periode des Pechs gefürchtet werden. Wir dürfen eher vermuten, daß die Lesart »Schildkröte« auf einer tradierten Fehldeutung beruht.

Was aber hat es mit dem Papagei auf sich? Auskunft gibt uns hier einmal mehr das *Popol Vuh*. Das unerschöpfliche Mythenwerk der Maya berichtet von einem vorwitzigen Geistervogel namens Uucub-k'aquix (»Siebenpapagei«), der zu Beginn der Schöpfung eine Art »satanischen« Aufstand gegen die wahren Götter probte:

Noch ehe Sonne und Mond erschaffen waren, existierte ein Wesen, das vor Stolz auf sich selbst fast barst. Es nannte sich Siebenpapagei, und es sprach: »Ich werde alle geschaffenen Kreaturen beherrschen. Ich bin die Sonne und der Mond. Mein Glanz ist groß. Für mich werden die Menschen kämpfen, allein mich werden sie anbeten, und nur mir opfern werden sie.«

Tatsächlich aber leuchtete Uucub-k'aquix nicht etwa hell wie die Sonne, er war nur mit bunten Federn ausgestattet, die funkelten und ihn selbst blendeten mit ihrer Pracht. Als sich Siebenpapagei aber auf seinem Edelsteinthron niederlassen wollte, da eilten die Heldenzwillinge Hunahpú und Ixbalanqué – Sonne und Mond – herbei und bereiteten ihm und seiner Sippe ein ruhmloses Ende.[15]

Kayab ist also der Monat der Täuschungen - und des endlichen Siegs des wahren Lichtes über die Scharlatane, die uns zu narren versuchen.

Monatsname	***Kayab*** 
Ordnungszahl	***17***
Bedeutung	***Schildkröte (Papagei?)***
Monatsgottheiten	***Uucub-k'aquix***
	Ahau, Ixbalanqué

Cumku – der 18. Monat

In düsterer, bedrückter Stimmung geht das Jahr zu Ende. Zu nah ist bereits Uayeb, die schrecklichen, gottlosen Tage am Jahresschluß, als daß man nun noch guter Dinge sein dürfte.

Wörtlich heißt *Cumku* »Dunkler Gott«, und nach allem, was wir vermuten dürfen, bedeutete es für die klassischen Maya beides: Herrschaft der dunklen, schwarzen, also der kriegerischen und Todesgötter, mehr aber noch *Verdunklung der Götterwelten,* also Abwendung der Götter, Unkenntlichkeit ihrer Ratschlüsse, Unwirksamkeit der himmlischen Ordnung – mit einem Wort: Chaos!

Noch war es nicht soweit, doch im voraus wie gelähmt erwarteten die Maya den furchtbaren Uayeb ...

Monatsname	***Cumku*** 
Ordnungszahl	***18***
Bedeutung	***Dunkler Gott***
Monatsgottheiten	***Kriegs- und Todesgötter***

Uayeb – der 19. Monat

In gräßlicher Stille, wie versteinert, erwarteten die Maya noch in postklassischer Zeit das Ende ihres Sonnenjahres. Während der fünf letzten Tage des *Uayeb*, den wir im Grunde weder als Uinal (20 Tage) noch gar als Monat (Mondzyklus) bezeichnen können, reduzierte man jede Art von Tätigkeit auf das unverzichtbare Minimum: Wie sollte selbst das geringste Unternehmen gelingen, wenn kein Gott seine schützende Hand darüber hielt?

Wie Landa überliefert, faßten die Maya noch im 16. Jahrhundert den Uayeb als unheilbringenden Dämon auf: Da die Götter des Himmels und der Unterwelt nicht mehr für Ordnung sorgten, konnte der Verwandler, der Dämon des Chaos, während dieser Tage all seine zerstörerischen Kräfte entfalten. So wagte man nicht einmal, Feuer anzuzünden, um sich ein Mahl zuzubereiten: Unweigerlich wären die Flammen auf die Hütten und Häuser übergesprungen und hätten die ganze Stadt verzehrt. Ebenso strikt übte man sich in sexueller Enthaltsamkeit: Ein jedes Kind, zu Uayeb gezeugt, wäre zeitlebens von den Dämonen besessen gewesen!

Angstvoll brachte man insbesondere den Atlassen - den Bacabes - reichhaltige Opfer, und anscheinend gab es sogar Bestrebungen, den Dämon Uayeb - oder *Uayayab* - mittels geeigneter Riten den Bacabes anzuverwandeln. Zumindest behauptet Landa, die postklassischen Maya hätten die Richtungsgötter und den Uayeb zugleich beschworen, indem sie auch den Dämon als vierfaltige, vierfarbige Wesenheit anriefen: als *Kanuuayayab* und *Chacuayayab*, als *Zacuayayab* und *Ekuayayab* – demnach als Gelben und Roten, Weißen und Schwarzen Verwandler, entsprechend den Farben, die sie sonst den Richtungsgöttern zuordneten.

Die Tage des Uayeb waren namenlos und wurden auch insgesamt so bezeichnet: als *xma-kaba-kin* oder »die Namenlosen«. Da auch keinerlei Tagesgötter über sie herrschten, zählte man sie (gleichsam flüsternd) lediglich durch: Null Namenlos – Eins Namenlos – Zwei Namenlos – Drei Namenlos – Vier Namenlos, und wagte währenddessen kaum zu atmen, denn was immer man während *xma-kaba-kin* begann, war dem zerstörerischen Dämon preisgegeben.

Letztlich erklärt sich diese »unglückselige Anschauung«, wie Landa die Furcht vor dem Chaos zu Uayeb nannte, wohl mit dem zyklischen Schöpfungsglauben der Maya: Wie im Kreislauf der Weltschöpfungen auf das Ende eines Universums zuerst eine Pause, ein Zerbersten, die Entfesselung des Chaos folgte, ehe die Gewalten in einer neuen Schöpfung wieder geordnet und gebannt wurden, so klaffte auch zwischen den Jahren auf Erden ein gefährlicher Abgrund, den man nur mit stillem Mut und stoischer Geduld überwinden konnte.

Trost vermochte während dieser schlimmen Tage wohl einzig die älteste der Maya-Gottheiten zu vermitteln: Als Fünfheit standen die *xma-kaba-kin* insgesamt unter der Regentschaft der Urgottheit Mam oder Ixmucané, Gottheit der Zahl Fünf und Ahnin aller Welten und Wesen, die jemals entstanden und vergangen waren. Schützend hielt einzig sie ihre Hand über den Abgrund, zumindest das Allerschlimmste verhindernd, auch wenn die einzelnen Tage des Uayeb gleichwohl ohne regierende Gottheiten blieben.

Gleichsam nach einer qualvoll langen, fünf Tage und Nächte währenden Nacht ging endlich an *mi Pop* – »null Herrscher« wieder die Sonne auf: mit Ahau als strahlendem Regenten, der alle Schrecken der Finsternis und des Chaos vergessen ließ.

Monatsname	***Uayeb*** 
Ordnungszahl	***19***
Bedeutung	***Verwandler des Jahres***
Monatsgottheiten	**–**
	(Mam ➻ Frau Fünf  ***)***

Die Monatsgötter im Überblick

Die folgende Tabelle faßt die wichtigsten Informationen über die regierenden Götter des Sonnenkalenders zusammen.

Ordnungs-zahl	Monats-name	Bedeutung	Monats-zeichen	Monatsgott	Zugleich Gottheit der Zahl ...
•	Pop	Herrscher		Ahau Kin	Vier 
••	Uo	Frosch, Zeichen		Ahau Kin Mam Chac	Vier  Fünf  Sechs 
•••	Zip	Hirsch		Kukulkán Ixquic	Eins 
••••	Zotz	Fledermaus		Fledermaus-Todesgott Chamalcán	Zehn 
—	Tzec	Biene (?)		Bacabes	-
· —	Xul	Hund		Tzul Kukulkán	-

Ordnungszahl	Monatsname	Bedeutung	Monatszeichen	Monatsgott	Zugleich Gottheit der Zahl ...
	Yaxkin	Grüne Sonne		Hunahpú Ahau Kin	Vier 
	Mol	Wasser		Acantunes (Bacabes)	–
	Chen	Teich (Fische)		Junger Maisgott	Acht 
	Yax	Grün		Chac	Sechs 
	Zac	Weiß		Acanum, Zuhuy Zip (Tohil)	–
	Ceh	Rot(-wild), kleiner Hirsch		Kukulkán Ixquic	Eins 
	Mac	Busch (?)		Chac Itzamná	Sechs 
	Kankin	gelbe Sonne		Hunahpú Ahau Kin	Vier 

Ordnungs-zahl	**Monats-name**	**Bedeutung**	**Monats-zeichen**	**Monatsgott**	**Zugleich Gottheit der Zahl ...**
	Muan	Eule		Ekchuah Itzamna Chac	Sechs 
	Pax	Puma (?)		Cit Chac Coh (Ahau)	–
	Kayab	Schildkröte (Papagei?)		Uucub- k'aquix Ahau Ixbalanqué	–
	Cumku	Dunkler Gott		Kriegs- und Todesgötter	–
	Uayeb	Verwandler		(Mam)	(Fünf )

Anwendungsbeispiel (zweiter Teil)

Wie wirken sich all diese Erkenntnisse und Spekulationen über die Zahlen- und Kalendergötter der Maya auf unser beispielhaftes Datum aus dem Gregorianischen Kalender - den 22. Dezember 1997 - aus?

Nach dem Kalenderwerk der Maya müssen wir dieses Datum, wie gesagt, folgendermaßen notieren:

1) Tzolkin: ***10 Ahau***
2) Haab: ***18 Mac***
3) Lange Zählung: ***12.19.4.14.0***

Wir ignorieren weiterhin die dritte Zeile und konzentrieren uns lediglich auf die ersten beiden Daten.

Vergegenwärtigen wir zunächst, welche Schlüsse unter augurischen Gesichtspunkten aus den Daten des Tzolkin zu ziehen waren:

An *lahun Ahau* tritt der Alte Totengott (Herr Zehn), der für Scheitern und Tod steht, gegen den jungen Sonnengott Hunahpú (Ahau), den Bezwinger der Finsternis, an. 10 Ahau ist ein Tag der extremen Widersprüche, an dem uns Heroisches gelingen kann, doch ebenso vernichtende Mißerfolge drohen.

Die Regenten des Haab-Datums 18 Mac

Wie verhält sich zu diesen Aussichten das Haab-Datum 18 Mac? Welche Götter regieren an diesem Tag? Verstärken oder neutralisieren sie die Aspekte, welche die Tzolkin-Götter verkörpern? Welche Schlüsse müßten wir als Kalenderpriester aus der Konstellation 10 Ahau 18 Mac ziehen?

Die Zahl *uaxaclahun* (18) wird als Kombination aus der Kopfvariante von *uaxac* (8) und *lahun* (10) geschrieben.

Während die Acht vom jungen Maisgott regiert wird, herrscht über die Zehn der Alte Todesgott Ahpuch:

Der von Herrn Zehn verkörperte negative Aspekt (Krankheit, Sterben, Tod, Verwesung) wird aber vom Jungen Maisgott aufgehoben und ins Positive gewendet: Gerade *Uaxac Yol Kauil* – »Acht Herz des Überflusses« – verkörpert ja Unsterblichkeit und Wiederauferstehung nach dem Opfertod. Uaxaclahun ist folglich eine positive Zahl, die innerhalb der Maya-Numerologie für Reinkarnation, im engeren Sinn für Langlebigkeit und Gesundheit steht.

Und wie verhält es sich mit dem Uinal Mac? Seine Regenten sind die männlich-kreativen Himmelsgötter Chac (der Regengott) und Itzamná (der Schöpfergott). Während Chac immer für Theaterdonner gut ist, in aller Regel aber befruchtend und nicht zerstörend wirkt, kann Itzamná geradezu als der »liebe Gott« innerhalb des Maya-Pantheons gelten. Von dieser Seite droht also an 18 Mac keinerlei Gefahr, im Gegenteil: Die Götter sind mit dem, der an diesem Tag ein schöpferisches Werk beginnen oder ausführen will.

Wahrsagung aufgrund der Tzolkin- und Haab-Daten

TZOLKIN: lahun Ahau

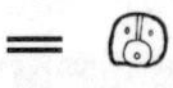

10 = Scheitern, Tod
Ahau (Großer Herr, Sonne) = Glück, Sieg

HAAB: *uaxaclahun Mac*

18 = Gesundheit, Langlebigkeit, Reinkarnation
Mac = Erregung, Entladung, Schöpferkraft

Betrachten wir alle vier Kalenderdaten zusammen, so erkennen wir leicht, daß die positiven Aspekte deutlich überwiegen. Allerdings handelt es sich nicht um einen Tag, an dem wir halben Herzens mittelmäßige Taten vollbringen sollten: Um die über allem schwebende Drohung des Scheiterns und Sterbens zu entkräften, ist eine durchaus heroische Grundhaltung erforderlich, der feste Vorsatz, Großes zu vollbringen, wer oder was auch immer sich uns entgegenstemmen mag.

Diese Haltung sowie gottgefällige Absichten vorausgesetzt, ist  ein guter Tag, um ein unsterbliches Werk zu erschaffen oder einen ebenso außergewöhnlichen Menschen zu zeugen.

8
Kalenderrunde und Lange Zählung

Mit Hilfe des Haab-Kalenders konnten die Maya jeden beliebigen Tag innerhalb des laufenden Sonnenjahres bestimmen. Um sich jedoch zweifelsfrei auf ein Datum der (näheren) Vergangenheit oder Zukunft zu beziehen, brauchte man ein übergeordnetes Kalendersystem, mit größeren Einheiten als dem einzelnen Jahr. Auf dieses Problem antworteten die Maya mit verschiedenen weiteren Kalendern, unter anderem mit der sogenannten »Kalenderrunde«, die fast 20 000 Tage umfaßt.

Ein rundes Menschenleben: die Kalenderrunde

Dieser Zyklus war während der klassischen Maya-Periode (und teilweise auch davor) in ganz Mesoamerika bekannt. Betrachtet man ihn lediglich auf der Basis des Haab, so scheint er jedoch einigermaßen willkürlich gewählt zu sein:

18 980 Tage : 365 Tage = 52 Haab-Zyklen

Die Größenordnung selbst wirkt durchaus plausibel: 52 Sonnenjahre, also zirka »ein halbes Jahrhundert«, wie wir es nennen würden, sind eine Zeitspanne, die wohl oftmals ein Menschenleben umfaßte und fast durchweg ausreichte, um die aktiven und bewußten Jahrzehnte im Leben eines Priesters oder Pflanzers zu beschreiben.

Warum aber ausgerechnet 52 Jahre? Auch innerhalb der Maya-Mathematik wirkt diese Zahl auf den ersten Blick »krumm«. Sieht man jedoch genauer hin, so lassen sich die Tage der Kalenderrunde auch durch die Anzahl der Tzolkin-Tage teilen – ohne Rest, versteht sich, der für das holistische Denken der Maya inakzeptabel wäre:

18 980 Tage : 260 Tage = 73 Tzolkin-Zyklen

Mit dem heutigen mathematischen Begriff ausgedrückt, handelt es sich bei dem Großkreis von 18 980 Tagen um das »kleinste gemeinsame Vielfache« der beiden kleinen Zyklen Tzolkin und Haab. Diese Formel dürften die mathematisch gebildeten Priester der Maya keineswegs als belanglos oder gar »zufällig« empfunden haben. Vielmehr drückte sich in ihr abermals die göttliche Ordnung aus, das übernatürliche Gesetz der Götter, das die Menschen einzig mittels visionärer Trance sowie mit Hilfe von Kalendern und Mathematik zu ergründen vermochten.

Die Kalenderrunde war also ein größeres Zauberrad göttlichen Wirkens und Wollens, in dem sich die kleinen Räder des Haab und des Tzolkin so harmonisch drehten, daß man kaum glauben mag, was uns die empirischen Wissenschaftler wieder und wieder versichern: daß Kulturen wie den Maya eine so schlichte Erfindung wie das *Rad* versagt geblieben sei.

Zum Beweis ihrer allerhöchsten Weihe erwies sich die Kalenderrunde auch bei der alltäglichen Bestimmung von Daten aus Vergangenheit und Zukunft als überaus nützlich: Man brauchte nur (wie oben in unserem Anwendungsbeispiel) ein beliebiges Haab-Datum mit dem korrelierenden Datum im

Tzolkin zusammenzubringen und hatte damit den betreffenden Tag durch vier Koordinaten fixiert, die in dieser Zusammensetzung erst nach 18 980 Tagen wiederkehren:

22. 12. 1997 = 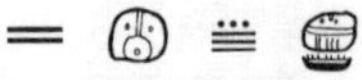

10 Ahau 18 Mac

Von der Schöpfung bis zum Untergang: die Lange Zählung

Um Daten bestimmen zu können, die – ob in Vergangenheit oder Zukunft – mehr als 52 Jahre von der Gegenwart entfernt waren, hätten die Kalenderpriester schlicht die Kalenderrunden selbst oder (wie im westlichen Notationssystem) die Sonnenjahre durchzählen können. Doch eine solche Lösung wäre ihrem religiösen wie auch ihrem mathematischen System fremd gewesen: Mit einer Einheit von 52 Haab-Jahren ließ sich im Vigesimalsystem nicht ohne Bruchzahlen oder Restbeträge rechnen, und diese waren den Göttern und folglich auch den priesterlichen Kalendergelehrten zuwider.

Aber auch das Sonnenjahr selbst bot sich nicht ohne weiteres als mathematische Größe an: Was sollte man mit den abscheulichen fünf Resttagen, dem Uayeb, beginnen? Die verdarben nicht allein die schöne göttliche Ordnung, sondern ebenso die mathematische Symmetrie. Durch die Einheit 20 ließ sich das Haab erst teilen, nachdem man den Uayeb schlicht ignoriert hatte – eine kühne Lösung, auf welche die Kalenderpriester der Maya in der Tat verfielen:

Kurzerhand reduzierten sie das Sonnenjahr um jene verdrießlichen fünf Tage und kreierten ein sogenanntes »Rundjahr«[1]. Das entsprach zwar nicht dem wirklichen Sonnenzyklus, um so besser jedoch ihrem mathematischen System:

20 kin (Tage) = 1 Uinik (Tzolkin) oder Uinal (Haab)
18 Uinal = 360 kin = 1 Tun
20 Tun = 1 Katun
20 Katun = 20 × 20 Tun = 1 Baktun
20 Baktun = 20 × 20 Katun = 1 Pictun
20 Pictun = 20 × 20 Baktun = 1 Calabtun[2]
usw. ad infinitum

Diese gewaltigen Recheneinheiten benötigten die Maya, um riesige Zeitabschnitte übersichtlich zu bündeln. Denn nach ihrer Überzeugung datierte die letzte Weltschöpfung (die vierte, wie ihre Religionsgelehrten versicherten) vom 31. August 3114 v. Chr.: Zu dieser Zeit begann gleichsam die Uhr des gegenwärtigen Universums zu ticken; ab jenem Schöpfungstag hatten die Maya daher das Verstreichen der Zeit zu zählen.

Kurz gesagt: Mit der Langen Zählung notierten die Maya nichts Geringeres als die Anzahl der Tage, die seit Anbeginn ihrer Welt verstrichen waren; das Nulldatum ihres Weltkalenders entsprach dem Moment der Schöpfung des Universums:

... 13.0.0.0.0.

In der Wissenschaft hat es sich eingebürgert, die Maya-Daten der Langen Zählung mit abnehmendem Stellenwert von links nach rechts zu schreiben, also wie in unserem Stellenwertsystem, nur mit dem Unterschied, daß man die Stellen durch Punkte abzutrennen pflegt. Wie bei ihren mathematischen Berechnungen meißelten die Maya selbst aber auch die Daten der Langen Zählung in vertikaler Ordnung in ihre Monumente: von oben nach unten abnehmend, überdies zweispaltig, wie generell bei ihrer Glyphenschrift (siehe folgende Abbildung).

Das große Räderwerk: Verzahnung von Kalenderrunde und Langer Zählung

Wie verhalten sich die Daten der Langen Zählung zu denjenigen des Haab und des Tzolkin? Selbstverständlich wurde schon zu Zeiten der klassischen Maya immer wieder von jedem beliebigen in jedes andere Kalendersystem umgerechnet. Um Mißverständnisse auszuschließen, hieb man die betreffenden Daten vielfach sogar in allen drei Notationssystemen in Stein. Wie bereits erwähnt, gingen die Religionsgelehrten davon aus, daß der Schöpfungstag in der Langen Zählung auf das Datum 13.0.0.0.0 fiel, im Haab auf 8 Cumku und im Tzolkin auf 4 Ahau. Diese Angaben ließen sich problemlos kombinieren, so daß man den Tag der Weltschöpfung wie folgt notierte:

13.0.0.0.0 4 Ahau 8 Cumku

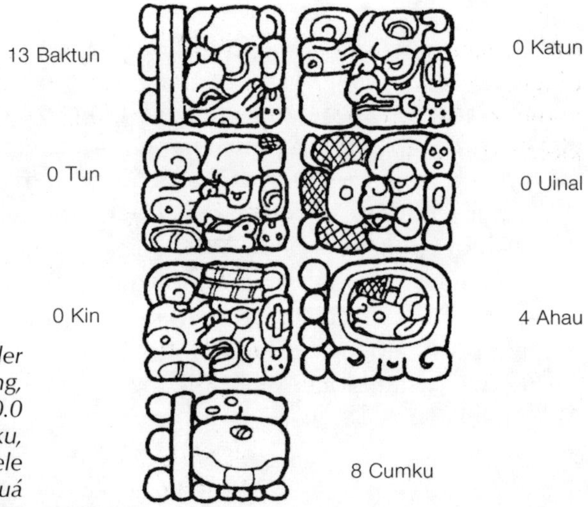

Das Datum der Weltschöpfung, 13.0.0.0.0 4 Ahau 8 Cumku, auf einer Stele in Quiriguá

Wie erklärt sich in diesem Nulldatum aber die Angabe »13 Baktun«? Müßte dort nicht auch, wie an jeder anderen Stelle, eine Null verzeichnet sein? Eine Frage, die der aufmerksame Leser zu diesem Zeitpunkt sicherlich schon auf eigene Rechnung beantworten kann: Diese Zahlenangabe dient der Würdigung von *Oxlahun-ti-ku*, der Dreizehnfaltigkeit der Himmelsgötter, die das Universum erschaffen hat.

Wie die Maya-Forscherin Linda Schele berichtet, gaben die alten Maya in der Stadt Cobá das Schöpfungsdatum sogar mit 20 (!) Stellen über dem Katun an, wobei jede dieser 20 Stellen auf die Zahl 13 (!) gesetzt war:[3]

13.13.13.13.13.13.13.13.13.13.13.13.13.13.13.13.13.13.13.13.0.0.0.0
4 Ahau 8 Cumku

Anwendungsbeispiel (dritter Teil)

Mit diesen neuen Erkenntnissen können wir nun auch unser obiges Beispiel weiterführen. Wenn wir das Datum 22. Dezember 1997 in allen drei Kalendersystemen der Maya zugleich notieren, so erhalten wir:

Lange Zählung:
12 Baktun
19 Katun
4 Tun
14 Uinal
0 Kin

Tzolkin:
10 Ahau

Haab:
18 Mac

Zusammen:
12.19.4.14.0 10 Ahau 18 Mac

Insoweit man mit solchen kolossalen Zahlen überhaupt rechnete und sie nicht einfach zu Zeremonialzwecken in Tempelwände meißelte, fungierte die heilige 13 offensichtlich als Stellvertreterin der Ziffer Null: War in obiger Zahlenkette auf der Katun-Stelle der Wert 20 erreicht, so sprang die nächsthöhere Stelle (Baktun = 400 Tun) von 13 auf 1 um, und so weiter ...

... aber nicht bis in alle Unendlichkeit, sondern bis zum Ende der Welt, bis zum Untergang dieser Schöpfung, deren Schlußdatum sich mit Hilfe der Langen Zählung gleichfalls exakt errechnen ließ.

Wann wird nach den Erkenntnissen der Kalenderpriester unsere Welt ins Chaos zurücksinken? Mit dieser Frage werden wir uns abschließend noch beschäftigen. Vorerst aber gilt es, weitere wichtige Gottheiten der Maya-Kalender kennenzulernen: die göttlichen Jahresträger sowie die ebenso übernatürlichen Herren (wenngleich unterweltlichen) der Nacht.

9
Die Herren der Nacht und die Götter der Jahre

13 - 9 = 4 ...

Uns Heutige mag diese Gleichung schlicht und nüchtern anmuten, doch für die Maya enthielt wohl auch sie eine übernatürliche Botschaft: Das Resultat der Subtraktion zweier heiligster Zahlen (13 - 9) muß unweigerlich ebenso verehrungswürdig sein. Und so spielen neben der Zwanzig und der Dreizehn auch die Neun und die Vier im Weltbild wie im Kalendersystem der klassischen Maya eine herausragende Rolle. Als Gottheiten der Neun - genauer gesagt der Neunfaltigkeit - treten die sogenannten Herren der Nacht auf; als Gottheiten der Vier - des Vierfaltigen, Vierfachen, durch Vier Teilbaren - erscheinen die sogenannten Jahresträger nebst den Bacabes, denen wir schon mehrfach begegnet sind.

Mitternachtsgötter – die Herren der Nacht

Betrachten wir nur die Kalendersystematik und ignorieren wiederum für einen Moment sämtliche sakralen Implikationen, so läßt sich dieses zusätzliche Rad mit jedem anderen Teil des kalendarischen Räderwerks verzahnen: Ähnlich den Wochentagen unseres Kalenders, nur neun statt sieben an der Zahl, folgen die »Herren der Nacht« einander in unveränderlicher Reihenfolge.

Anwendungsbeispiel (vierter Teil)

Greifen wir abermals unser obiges Beispiel auf: Der 22. Dezember 1997 läßt sich in der Notation der Maya noch genauer (oder komplizierter) bestimmen, als wir dies bereits getan haben, indem man zusätzlich angibt, welcher Herr der Nacht diesen Tag regiert:

An 12.19.4.14.0 10 Ahau 18 Mac amtierte als Wochentagsgott der zweite Herr der Nacht, gefolgt vom dritten Herrn der Nacht am nächsten Tag 12.19.4.14.1 11 Imix 19 Mac und so fort.

Was hatte es mit den göttlichen Dunkelmännern auf sich? Welche Rolle spielten sie im Pantheon der Maya?

Unglücklicherweise wissen wir sehr wenig über sie. Ihre Ordnungszahl Neun, ihre Zugehörigkeit zur Sphäre der Nacht und etliche ikonographische Details assoziieren sie zweifelsfrei mit der göttlichen Unterwelt, also mit der Sphäre des Todes, aber auch der Wiedergeburt, überhaupt mit dem Zyklus des Vergehens und Wiederentstehens von Leben, also (im Gegensatz zum Dreizehnfaltigen Himmel) auch mit dem weiblichen Prinzip. Es sind die *Bolon-ti-ku*, niemand anderes, doch welche Aspekte von Xibalbá die einzelnen Herren der Nacht verkörperten, ist uns leider nicht überliefert. Selbst ihre Namen sind nicht mehr bekannt; der neunte und bedeutendste Herr der Nacht scheint jedoch den »Sonnengott bei Nacht«, also den Herrn der Mitternachtssonne, zu verkörpern.

Kam den Herren der Nacht auch augurische Bedeutung zu?

Diese Frage ist mit einiger Wahrscheinlichkeit zu bejahen, wenngleich die Unterweltherren während der klassischen Maya-Periode wohl eher dem Haab-System als dem Tzolkin zugerechnet wurden, den man bevorzugt zu Wahrsagezwecken heranzog.

Die neun Herren der Nacht

Hartnäckige Gerüchte behaupten, daß das gesamte Wahrsagesystem der klassischen Ära bis heute von Eingeweihten in Yucatán gehütet werde und folglich auch die verschollen geglaubten Namen und Bedeutungen der Herren der Nacht einigen wenigen Traditionshütern noch bekannt seien.[1] Das mag zutreffen oder auch nicht (ich persönlich bin überzeugt davon), Tatsache ist jedenfalls, daß wir zum gegenwärtigen Zeitpunkt über diese esoterischen Details keine begründeten Spekulationen anzustellen vermögen. Geheimnisvoll, ja unergründlich wenden die Herren der Nacht uns ihr Profil zu, und ihr Blick geht an uns vorbei in die »blaugrüne« Unendlichkeit.

Die Jahresträger

Im Unterschied zu den neun Herren der Nacht, von denen jeder ein Viertel der »gottgefälligen« Haab-Tage regiert (4 × 90 = 360), gehören die sogenannten Jahresträger dem heiligen Tzolkin an. Ihre Macht entfalten sie freilich erst im Zusammenspiel mit dem Haab, also in der Kalenderrunde, die den Sonnenkalender mit dem Zeremonialkalender verzahnt.

Den von mathematischen Gesetzen förmlich besessenen Maya konnte schwerlich verborgen bleiben, daß der »Neujahrstag« des Haab aus systemischen Gründen lediglich mit vier Tagesnamen des Tzolkin zusammenfallen konnte. Derjenige Tzolkin-Tag, mit dem ein Jahr der Kalenderrunde begann, wurde teilweise schon in klassischer, vor allem aber in nachklassischer Zeit »Jahresträger« genannt. Jedem Jahresträger war eine mächtige Gottheit zugeordnet, die kraft ihrer Herrschaft über den Neujahrstag das gesamte Jahr regierte. Indem die Kalenderpriester den Jahresgott bestimmten, trafen sie demnach auch bedeutsame augurische Aussagen über das Schicksal, welches König und Staat, das Volk und den einzelnen im betreffenden Jahr erwartete.

Jahresträger-Systeme

Das Prinzip der Bestimmung von Jahresträgern ist leicht zu verstehen: Da das Haab um 105 Tage länger ist als der Tzolkin, verschieben sich die Tage des Tzolkin, die auf den Haab-Jahresbeginn fallen, mit jedem Umlauf um fünf Stellen. Indem der Tzolkin nur über insgesamt 20 solcher Tagesnamen verfügt, kommen lediglich vier Tzolkin-Tage (20 : 5 = 4) als Jahresanfangstage der Kalenderrunde in Betracht.

Hierzu ein Beispiel: Setzt man voraus, daß der Neujahrstag das Haab-Datum 0 Pop trägt[2], und nimmt des weiteren an, daß 0 Pop beispielsweise mit dem Tzolkin-Datum 1 Ik zusammenfällt, so ergeben sich hieraus zwangsläufig die vier möglichen Kombinationen:

1 Ik	0 Pop
2 Manik	0 Pop
3 Eb	0 Pop
4 Cabán	0 Pop

Der nächste Neujahrstag fällt nach diesem Schema bereits wieder auf einen Tag Ik des Tzolkin:

5 Ik	0 Pop

Da jedoch der Haab-Tag 0 Pop prinzipiell mit jedem beliebigen Tzolkin-Tag zusammenfallen kann, sind diverse weitere Verzahnungen möglich, beispielsweise:

1 Akbal	0 Pop
2 Lamat	0 Pop
3 Ben	0 Pop
4 Edznab	0 Pop ...

Oder:

1 Kan	0 Pop
2 Muluc	0 Pop
3 Ix	0 Pop
4 Cauac	0 Pop ...

Tatsächlich sind alle drei hier aufgeführten Systeme historisch nachweisbar. So findet sich das Ik-Manik-System in Tikal und im Dresdener Kodex, das Akbal-Lamat-Sytem in Campeche. Das Kan-Muluc-System wurde noch in der postklassischen Periode in Yucatán praktiziert, bis Bischof Landa auch diese Götter und ihre Bücher dem Feuer überantwortete. Es ist jedoch am besten von allen Jahresträger-Systemen dokumentiert, weshalb wir uns im folgenden auf die Bräuche von Yucatán beziehen werden.

Jahresträger und Richtungsgötter

Die *Bacabes,* denen wir in diesem Buch schon mehrfach begegnet sind[3], waren die Atlasse oder Richtungsgötter der alten Maya. Dem Mythos nach war es ihre Aufgabe, die vier Himmelsecken abzustützen, damit das kosmische Gewölbe nicht auf die Erde hinabfiel. Man unterschied für jede der vier Himmelsgegenden einen Bacab mit eigenem Namen, dem überdies eine Farbe zugeordnet war:

Richtungsgott	**Hauptname**	**Farbe**
Bacab des Ostens	***Chacal Bacab***	***Rot***
Bacab des Nordens	***Zacal Bacab***	***Weiß***
Bacab des Westens	***Ekel Bacab***	***Schwarz***
Bacab des Südens	***Kanal Bacab***	***Gelb***

Mit den Bacabes oder Richtungsgöttern eng verwandt, aber keineswegs identisch waren die Jahresgötter, also diejenigen, die kraft des Tzolkin-Neujahrstags der Kalenderrunde über das betreffende Jahr herrschten. Auch sie wurden mit den Himmelsgegenden und Farben assoziiert, die man den Bacabes zuschrieb.

In Yucatán herrschte nach dem Zeugnis Landas folgende Zuordnung von Jahresträgern und Jahresgottheiten, Himmelsrichtungen und Farben:

Jahresträger	**Jahresgott**	**Richtung**	**Farbe**
Kan	***Bolon Dzacab***	***Osten***	***Rot***
Muluc	***Ahau (Hunahpú)***	***Norden***	***Weiß***
Ix	***Itmazná***	***Westen***	***Schwarz***
Cauac	***Uac Mitun Ahau***	***Süden***	***Gelb***

Anhand der Kalenderdaten, Himmelsrichtungen und assoziierten Farben konnten die Maya solcherart für jedes Jahr auch den regierenden Jahresgott nebst beigeordnetem Bacab bestimmen.

Jahres- und Richtungsgötter des Jahres Kan

In jedem Jahr, das mit einem Tzolkin-Tag *Kan* begann, herrschten *Bolon Dzacab* als Jahresgott und *Kanal Bacab* als Richtungsgottheit in Yucatán. Während der Jahresgott mit der Himmelsrichtung Osten und der Farbe Rot assoziiert war, herrschte Kanal Bacab über den Süden und die Farbe Gelb.

Bolon Dzacab bedeutet wörtlich »Neun Generationen«: Diese Gottheit gehört unzweifelhaft der Unterwelt an, den *Bolon-ti-ku*, der heiligen Neunfaltigkeit. Erst dem christlichen Denken der Konquistadoren und Kolonialherren erschien er als »Dämon« oder »Höllengott«; für die alten Maya verkörperte er wohl sehr viel eher den Kreislauf des Vergehens und Wiederentstehens, der sich in ihrer Mythologie vor allem mit dem »Wunder der Maisvermehrung« verband. Im Zentrum der Zeremonien zu Beginn des Jahres Kan standen daher auch rituelle Maisopferungen.

Der beigeordnete Richtungsgott des Jahres Kan, *Kanal Bacab* (Gelber Bacab) mit Namen, ist uns bereits aus dem Kapitel über den Tzolkin-Tag Tzec geläufig: Als dessen Tagesgottheiten traten die Bacabes auf, insbesondere Hobnil, wie der Kanal Bacab mit anderem Namen heißt. Er war der Gott der Imker und Bienen und galt als friedfertigster aller Bacabes, so daß man in Jahren, in denen er regierte, auf friedliche Witterung und gute Ernte hoffen konnte.

Als weitaus weniger verläßlich war jedoch der eigentliche Jahresgott Bolon Dzacab verschrien, weshalb die Maya das Jahr Kan mit aufwendigen Zeremonien begannen, um diese launische Gottheit gewogen zu stimmen:

Nahe dem Haus des Fürsten, in dem das Fest stattfand, stellten sie eine Statue des Bolon Dzacab auf; dorthin begaben sich die Adligen und die Priester, nachdem sie den Weg gereinigt und mit frischen Zweigen geschmückt hatten. Der Priester räucherte das Idol mit sieben mal sieben Maiskörnern ein, die er in den Weihrauch gemahlen hatte. Sodann köpften sie ein Huhn und boten es dem Gott als Opfer dar. Später setzten sie dem Idol einen Engel auf die Schulter, der für genügend Wasser sorgen würde, damit es ein gutes Jahr wurde. Tanzend und singend trugen sie die Statue endlich ins Haus des Fürsten, wo sich ein zweites Idol des Bolon Dzacab befand. Nachdem sie die Statuen einander gegenüber plaziert hatten, brachten sie dem Gott des Jahres Kan noch zahlreiche Opfer dar.

Nach Beendigung dieser Zeremonie waren die Maya zuversichtlich, daß ihnen ein gutes Jahr bevorstünde, denn der Kanal Bacab, der Richtungsgott des Jahres, genannt Hobnil, stand in dem vertrauenerweckenden Ruf, anders als seine Brüder nicht gesündigt zu haben, weshalb den Menschen im Jahr Kan keine Not bevorstand. Trat aber dennoch Not ein, so aus Schuld der Menschen, welche die Götterdienste fehlerhaft verrichtet hatten.[4]

Jahres- und Richtungsgötter des Jahres Muluc

Jahre, die mit dem Tzolkin-Tag Muluc begannen, wurden von *Ahau* (Hunahpú, Kinich Ahau) als Jahresgottheit regiert. Dem Sonnengott waren die Himmelsrichtung Norden und die Farbe Weiß assoziiert; als beigeordneter Richtungsgott herrschte in allen Jahren Muluc der *Chacal Bacab,* der Rote Bacab des Ostens, der auch den Namen *Can tzicnal* trug.

Der strahlende Sonnengott ist meinen Lesern an dieser Stelle längst ein alter (oder junger) Bekannter: Es ist Kinich Ahau, der Sonnenahne, beziehungsweise der mythische Hunahpú aus dem *Popol Vuh,* der leuchtendere der Heldenzwillinge, nach seinem Sieg über Xibalbá als Herr Sonne vergöttlicht.

Der mitregierende Bacab ist, wie sein Name bereits erahnen läßt, im Grunde nur eine andere Erscheinungsform der uns gleichfalls längst bekannten »Regenherren« oder Chaces: Chacal Bacab, der Rote Regen-, Donner- und Richtungsgott, herrscht wohl nicht zufällig über das Jahr Muluc, dessen Name ja gleichfalls »Wasser« bedeutet. Allerdings das gezähmte, nutzbar gemachte Gewässer einer fortgeschrittenen Zivilisation[5]: Sonne und Regen in ausgewogenem Verhältnis erhoffte man auch im Jahr Muluc insbesondere für eine reichhaltige Maisernte, die ja über Wohl und Wehe der ganzen Maya-Welt entschied.

Im Mittelpunkt der Zeremonien zu Beginn des Jahres Muluc stehen daher Rituale nicht allein zu Ehren der Sonnengötter, sondern auch des jungen Mais-(Fisch-)-Gottes, dessen Gunst man durch die charakteristischen Stelzentänze zu erringen suchte:

Nachdem die Priester die Statue des Jahresgottes errichtet und dort Weihrauch verbrannt hatten wie zu Beginn eines jeden Jahres, brachten sie dem Idol des Kinich Ahau viele Opfer dar, unter anderem Brot mit Eigelb und Hirschherzen und Opfer ihres eigenen Blutes. Sodann ergriffen die Priester mehrere Knaben, die sie mit Gewalt zur Ader ließen.

Obwohl in diesem Jahr ein sündiger Bacab herrschte, genannt Can tzicnal, hofften die Maya auch diesmal zuversichtlich auf eine gute Ernte, da dieser Richtungsgott der größte und stärkste im Quartett der Brüder war.

Zur Beschwichtigung der Jahresgottheiten veranstalteten sie auch ein Fest, auf dem sie mit sehr hohen Stelzen tanzen und Köpfe von Truthühnern opfern mußten, außerdem einen jungfräulichen kleinen Hund, worauf man weitere Blutopfer darbrachte zu Ehren der Jahresgötter des Jahres Muluc.[6]

Jahres- und Richtungsgötter des Jahres Ix

Alle Jahre, die mit dem Tag Ix begannen (dem »Mondtag« des Tzolkin), wurden von Schöpfergott *Itzamná* beherrscht, dem die Maya-Mythologie als Himmelsrichtung den Westen und als Farbe Schwarz zuschrieb. Der Jahresgottheit beigeordnet war *Zacal Bacab*, der Weiße Richtungsgott des Nordens.

Der Schöpfergott Itzamná ist einer der wichtigsten Götter der alten Generation. Manches spricht dafür, daß er nur eine andere Erscheinungsform des alten Sonnengottes Kinich Ahau darstellt. Nach anderen Zeugnissen soll er den Maya auch die Schreibkunst gebracht haben, was freilich der Schilderung im *Popol Vuh* widerspricht, nach der die verräterischen Brüder der Heldenzwillinge alle wesentlichen Künste erfanden. Wie auch immer, Itzamná dürfte so oder so eine der elementaren Maya-Gottheiten gewesen sein, deren Schutz niemand missen und deren alleiniger Obhut sich niemand anvertrauen mochte.

Mit dem Zacal Bacab stand der Jahresgottheit ein Richtungsgott zur Seite, dessen Beistand sogar als höchst unerwünscht galt: Dieser Weiße Bacab des Nordens trug auch den Beinamen *Zaccini* – ein verschliffenes Wort, dessen ursprüngliche Bestandteile sich indessen noch identifizieren lassen: *Zac cimi* ist niemand anderes als der Weiße Tod, eine Maya-Umschreibung für Ohnmacht und Epilepsie.

Von den Jahren Ix erwarteten sich die Maya daher fast nur Übles. Trotz sorgfältiger Neujahrszeremonien zu Ehren von Itzamná fürchtete man, daß Ix insbesondere Schwächeanfälle, Bewußtseinsverlust und Augenleiden bringen werde. Vom Zacal Bacab erwartete man weder günstige Witterung noch milde Winde, vielmehr (laut Landa) Trockenheit und Hitze, welche die Maisfelder verdorren ließen. In der Folge rechnete man mit Hunger, Diebstählen und Versklavung der überführten Diebe, was wiederum Hader und Krieg zwischen den Stämmen nach sich ziehen werde, die ihrerseits den Sturz von Adelshäusern und Priesterschaft nach sich zögen – eine Spirale aus Gewalt und Not, die in vielen Fällen das gesamte Jahr Ix beherrsche.

Um zumindest das Ärgste zu verhindern, veranstalteten die Maya aufwendige Zeremonien zu Ehren Itzamnás. Ströme frischen Opferblutes ergossen sich auf die steinernen Idole; durch Tänze, Weihrauch- und andere Opfer suchte man die Götter günstig zu stimmen, damit sich zumindest nicht die übelste Prophezeiung erfüllte: die Entvölkerung ganzer Dörfer durch Hunger und Krieg.

Jahres- und Richtungsgötter des Jahres Cauac

Sämtliche Jahre, die mit einem Tag Cauac begannen, wurden nach der Überzeugung der Maya von einer Jahresgottheit namens *Uac Mitun Ahau* beherrscht. Ihr beigeordnet war der vierte der Bacabes, genannt *Ekel Bacab* oder *Hozanek*, der Schwarze Richtungsgott des Westens. Fürchteten die Maya bereits Ix-Jahre als Perioden des Hungers oder Streites, so standen die Jahre Cauac in noch üblerem Ruf.

Das leuchtet unmittelbar ein, wenn wir den Hauptgott der Cauac-Jahre näher ins Auge fassen: Etliche Indizien deuten darauf hin, daß Uac Mitun Ahau niemand anderes als der Gott A' der Kodizes ist, einer der schauerlichsten Todesgötter der Maya. Dieser junge »Herr der sechsten Unterwelt« ist mit negativen Symbolen förmlich überladen: Sein Kopf ist mit Totenaugen, sein Umhang mit gekreuzten Knochen geschmückt. Auf klassischen Keramikvasen wird er überdies als Gott der Selbstkasteiungen gezeigt, der sich Blut aus Zunge oder Penis zapft – wenn er sich nicht gleich selbst enthauptet.

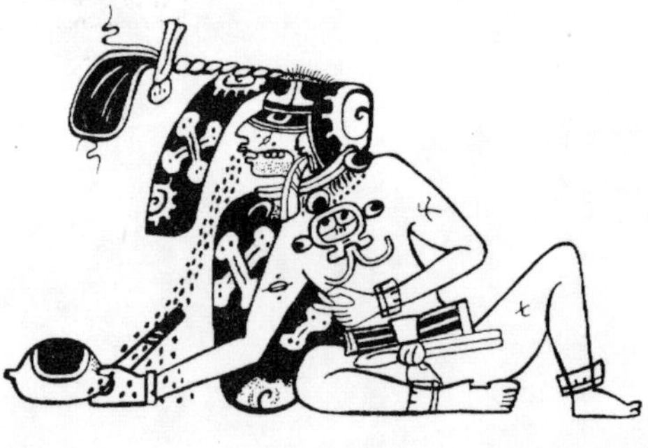

Der junge Todesgott A' ist wahrscheinlich Uac Mitun Ahau, der Jahresgott des Jahres Cauac.

Zu Beginn des Jahres Cauac stellten sich die Maya folglich auf Schrecken und Nöte ein, mit denen verglichen die Widrigkeiten des vorangegangenen Jahres Ix wie belangloses Geplänkel wirkten:

Durch Opferung von Menschen und Raubvögeln versuchte man einem befürchteten Massensterben entgegenzuwirken, das um so eher drohte, als auch der Bacab des Jahres weitaus mehr Übel als günstige Fügungen erwarten ließ. Denn Hozanek, »der die Samen herauszieht«, der Schwarze Bacab des Westens, verhieß vollständiges Verdorren der Maisfelder nebst Vogel- und Ameisenplagen, die alles wieder auffräßen, was die Menschen ausgesät hatten.

Während orgiastischer Zeremonien zur Einstimmung in dieses Schreckensjahr opferten die Maya ihr Blut in solchen Strömen, das viele der Gläubigen ohnmächtig zu Boden sanken. Andere rissen sich die Kleider vom Leib, um barfüßig und am ganzen Körper nackt durch die weit ausgebreitete Glut des Opferfeuers zu wandeln. »Einige überquerten sie ohne Verletzungen, andere versengt und halb verbrannt«, und wer anschließend noch halbwegs bei Kräften war, betrank sich bis zur Besinnungslosigkeit, »denn so verlangte es der Brauch und die Hitze des Festes«.[7]

Jahres- und Richtungsgötter im Überblick

Nachfolgend finden die Leser wiederum eine tabellarische Aufstellung, in der neben den Jahres- und Richtungsgöttern und ihren Attributen auch die allgemeinen Vorzeichen der betreffenden Jahre aufgeführt sind. Wie leicht zu erkennen, wechselten sich nach der Überzeugung der Maya jeweils zwei gute mit zwei üblen Jahren ab. Eine »himmlische« Jahresgottheit bedeutete hierbei nicht automatisch ein positives Vorzeichen für das betreffende Jahr; umgekehrt brachte eine Unterweltgottheit nicht durchaus Tod und Verderben in die Menschenwelt.

Die Bacabes als beigeordnete Wesenheiten konnten die Tendenzen eines Jahres, die durch den Jahresgott vorgegeben wurden, verstärken oder abmildern, keinesfalls aber umkehren oder auch nur neutralisieren. Überdies zeigen die Bacabes gerade der üblen Jahre deutliche Neigungen, sich den Absichten der Jahresgottheit unterzuordnen und deren Tendenzen willfährig zu verstärken.

KAN 

Allgemeines Vorzeichen	**positiv**
Jahresgottheit	**Bolon Dzacab**
Zugehörigkeit	Unterwelt (Bolon-ti-ku)
Aspekte	Kreislauf des Werdens und Vergehens, Fruchtbarkeit (Mais)
Farbe	Rot
Himmelsrichtung	Osten
Richtungsgottheit	**Kanal Bacab**

Aspekte	»Bacab ohne Sünde«, Gott der Imker und Bienen, Hauptgott des Tzolkin-Tages Tzec
Farbe	Gelb
Himmelsrichtung	Süden

MULUC 

Allgemeines Vorzeichen	**sehr positiv**
Jahresgottheit	**Ahau (Hunahpú, Kinich Ahau)**
Zugehörigkeit	Himmel (Oxlahun-ti-ku)
Aspekte	Licht, Stärke, Wachstum
Farbe	Weiß
Himmelsrichtung	Norden
Richtungsgottheit	**Chacal Bacab**
Aspekte	»Größter und stärkster Bacab«, Erscheinungsform des Regengottes Chac
Farbe	Rot
Himmelsrichtung	Osten

IX 

Allgemeines Vorzeichen	**negativ**
Jahresgottheit	**Itzamná**
Zugehörigkeit	Himmel (Oxlahun-ti-ku)
Aspekte	(einst) Schöpferkraft, Alter

Farbe	Schwarz
Himmelsrichtung	Westen
Richtungsgottheit	**Zacal Bacab**
Aspekte	»Weißer Tod«: Schwäche, Ohnmacht, Hunger, Krieg
Farbe	Weiß
Himmelsrichtung	Norden

CAUAC 

Allgemeines Vorzeichen	**sehr negativ**
Jahresgottheit	**Uac Mitun Ahau**
Zugehörigkeit	Unterwelt (Bolon-ti-ku)
Aspekte	»Herr der sechsten Unterwelt«: Tod, Selbstkasteiung
Farbe	Gelb
Himmelsrichtung	Süden
Richtungsgottheit	**Ekel Bacab**
Aspekte	»Der den Samen herauszieht«: Dürre, Plagen
Farbe	Schwarz
Himmelsrichtung	Westen

Anwendungsbeispiel (fünfter Teil)

Kommen wir ein letztes Mal auf unser kleines Beispiel zurück. Den 22. Dezember 1997 können wir in den Kalendersystemen der Maya nun wie folgt bestimmen:

Lange Zählung:
12.19.4.14.0
Kalenderrunde:
10 Ahau 18 Mac
Herr der Nacht:
2.
Jahresname:
Cauac

Für die Maya handelt es sich somit um ein Datum aus einem Jahr der großen Schrecken – des Hungers und Massensterbens, der Krankheiten und Kriege, welche die Wirklichkeit der Maya-Nachfahren im heutigen Mexiko tatsächlich gerade in der jüngeren Vergangenheit auf furchtbare Weise prägten.

Aufrichtig wünsche ich Ihnen, liebe Leser, daß die Götter der Plagen und der Selbstkasteiungen zumindest Sie in diesem Jahr Cauac verschont haben mögen.

10
Zeitenwende – Weltenende?

Glaubt man gewissen Weltuntergangspropheten, so war es bereits für die klassischen Maya sicher, daß diese Welt in naher Zukunft enden würde; genauer gesagt: am 20. Dezember 2012. Wäre dem in der Tat so, dann bräuchten wir keine schlaflose Minute mehr auf kleinliche Sorgen zu verschwenden, sondern könnten uns, je nach Temperament, dem alles abschließenden Bacchanal widmen oder beginnen, unsere gesammelten Sünden methodisch zu bereuen.

Die Behauptung, daß nach Ansicht der Maya in Kürze die Welt enden werde, beruht jedoch auf einem Mißverständnis ihres kalendarischen Systems.

Wie bereits oben erwähnt, legten die Kalendergelehrten der alten Maya das Schöpfungsdatum in der Notation der Kalenderrunde auf 4 Ahau 8 Cumku fest, in der Langen Zählung auf den Wert 13.0.0.0.0. Während das betreffende (wie jedes beliebige) Datum der Kalenderrunde alle 52 Jahre wiederkehrt, jährt sich der Tag 13.0.0.0.0 alle 5200 »Rundjahre«.[1]

Der suggestiven Scheinsymmetrie dieser Zahlen zum Trotz (im einen Fall handelt es sich um Haab-Jahre à 365, im anderen um Tun-Jahre à 360 Tage), lebten die alten Maya aller Wahrscheinlichkeit nach nicht in der Überzeugung, daß mit Ablauf dieser Periode von 13 Baktun die Schöpfung untergehen werde. Insbesondere drei Indizien lassen vermuten, daß das nahende Datum 13.0.0.0.0 auch für die alten Maya von herausragender, indes nicht von apokalyptischer Bedeutung gewesen wäre.

Drei Gründe, warum die Welt noch lange nicht untergeht

Erstens:

In der Kalenderrunde fällt das Ende der gegenwärtigen Langperiode nicht auf den Tag 4 Ahau 8 Cumku, sondern auf 4 Ahau 3 Kankin. Somit jährt sich nur ein Teil des Schöpfungsdatums - zuwenig für eine Weltuntergangsprophezeiung seitens einer so sehr in Datensymmetrie vernarrten Kultur.

Zweitens:

In einer berühmten Inschrift ließ der Herrscher Pacal von Palenque verkünden, man werde zu einem genau datierten Zeitpunkt die achtzigste Wiederkehr seiner Thronbesteigung feiern, und zwar gemessen in Kalenderrunden à 52 Jahren. Dieser Zeitpunkt, der auch heute noch lange nicht erreicht ist, liegt acht Tage hinter dem Ablauf des ersten Pictuns (20 Baktun = 8000 Tun) des derzeitigen Weltzeitalters. Das Pictun endet am 15.10.4772 unserer Zeit, und auch wenn Pacal seinen Nachruhm möglicherweise überschätzt hat, gibt uns die Priesterschaft von Palenque mit dieser Inschrift doch zu verstehen, daß die Welt noch lange nach dem ominösen Tag 13.0.0.0.0 4 Ahau 8 Cumku weiterbestehen wird.

Drittens:

Wie bereits erwähnt, notierten die Maya in der Langen Zählung zwar meist nur die Stellen von Kin bis Baktun; der jeweils gemeinte Zahlenwert aber war ungleich größer – im Prinzip unserer heutigen Gewohnheit vergleichbar, vom »Jahr '97« zu sprechen, wenn für alle Beteiligten klar ist, auf welches Jahrhundert wir uns beziehen.

In einigen Ausnahmefällen aber meißelten die Maya auch vollständige (oder zumindest umfangreichere) Kalenderdaten der Langen Zählung in ihre Tempel, die erkennen lassen, daß ein »Großes Rad«, also der Umlauf eines gesamten Schöpfungszyklus, ungeheuerlich viel größer war als jedes zu historischer Messung bestimmte Kalenderrad. So gibt die erwähnte Inschrift ein Datum mit 24 Stellen an, von denen 20 auf den Wert 13 eingestellt sind, gefolgt von dem berühmten Kalenderrundendatum des Schöpfungstages:

13.13.13.13.13.13.13.13.13.13.13.13.13.13.13.13.13.13.13.13.0.0.0.0
4 Ahau 8 Cumku

Nach Überzeugung der Maya-Forscherin Linda Schele funktioniert dieses gewaltige Zählwerk wie folgt: Sämtliche Stellen oberhalb der Baktuns sind im Moment der Schöpfung auf dem Wert 13 stehengeblieben, der in der Praxis den Wert Null vertritt. Immer wenn auf einer Stelle der Wert 20 erreicht ist, springt die nächsthöhere um eine Einheit weiter. Bis die höchste Stelle im Zählwerk von Cobá auf den Wert Eins umspringt, wird daher nach Berechnungen der zahlenfesten Wissenschaftlerin folgende Zeitspanne vergehen: »41 341 050 000 000 000 000 000 000 000 Tropenjahre«[2].

Das christliche Millennium im Maya-Kalender

Aus alledem folgt, daß weder der Autor noch die Leser der ersten Auflagen dieses Werkes den Weltuntergang erleben werden. Und wie steht es mit der christlichen Jahrtausendwende und ihrem hierzulande so hartnäckig beschworenen apokalyptischen Potential?

Für die alten Maya hätte dieses Datum natürlich keine herausragende Bedeutung besessen. Der 1. Januar 2000, an dem im gregorianischen Kalenderwerk immerhin drei von vier Stellen auf den suggestiven Wert Null springen, läßt sich nach der Notation der Maya wie folgt bestimmen:

Lange Zählung:	***12.19.6.15.0***
Tzolkin:	***9 Ahau*** 
Haab:	***8 Kankin*** 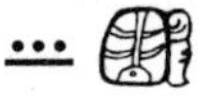
Herr der Nacht:	***3.***
Jahresname:	***Ix*** 

Wie würde ein altmayanischer Kalenderpriester diese Daten unter wahrsagerischen Gesichtspunkten deuten?

Das Tzolkin-Datum  *9 Ahau*

 Zahlengott der Neun ist der mysteriöse junge Gott CH, eine insgesamt eher negative Erscheinung, geschmückt mit Todesattributen, die lediglich die finsteren Aspekte der Bolonti-ku, der neunfaltigen Unterwelt, zu verkörpern scheint.

 Ahau oder Großer Herr ist der Sonn- und Glückstag des Tzolkin: Was wir an einem solchen Tag beginnen, kann im Grunde kaum scheitern, zumindest nicht an einer rivalisierenden Gottheit, deren Macht – wie hier die des Neunergottes – auf den betreffenden Tag selbst beschränkt ist. Was auch immer Gott CH an negativen Aspekten verkörpert – der strahlende Sonnengott Ahau macht diese Todes- und Untergangs-

tendenzen ebenso wett, wie er einst im Mythos als Hunahpú die Herren von Xibalbá besiegt hat.

Das Haab-Datum 8 Kankin

Der junge Maisgott »Acht Herz des Überflusses« ist ein schöpferischer und sehr männlicher Gott der Aussaat und »wundersamen Vermehrung«; eine Gottheit der jungen Generation, deren innerem Zirkel um die Mondgöttin Ixquic und die mythischen Heldenzwillinge - nachmals Mond und Sonne - er angehört. Allerdings verbindet sich mit dem jungen Maisgott auch der Mythos von Opfer und Auferstehung, sozusagen die Maya-Variante unseres Mythos vom gekreuzigten Jesus Christus. In Verbindung mit Todesgöttern wie dem Gott der Zahl Neun verkörpert der junge Maisgott somit Leiden und Opfertod, durch welche die Schrecken der Unterwelt zum Trost für alle Sterblichen besiegt werden.

Kankin, die Zeit der gelben, reifen Sonne, ist der Monat der Maisernte. Vor allem zwei Götter müssen zusammenwirken, damit eine reiche Ernte eingebracht werden kann: der junge Sonnengott Ahau und der junge Maisgott, die just an 9 Ahau 8 Kankin zu den Tagesgöttern zählen! So gesehen, scheint der 1. Januar 2000 ein goldenes Datum zu sein, das Strahlkraft, Glück und üppige Ernte verheißt.

Aber freuen wir uns nicht zu früh ...

Die Götter des Jahres Ix

Welche Aspekte der dritte Herr der Nacht verkörpert, der diesen 1. Januar 2000 regieren wird, wissen wir gegenwärtig leider nicht. Um so genauer sind uns jedoch die beiden wichtigsten Jahresgötter des Jahres Ix bekannt, als welches das Jahr 2000 im Kalendarium der Maya notiert ist: Es sind

Die Siedlungsgebiete der klassischen Maya

Itzamná, der alte Schöpfergott, und der Bacab des Nordens, genannt *Zac cimi* oder der Weiße Tod.

Das dritte christliche Jahrtausend scheint also mindestens so turbulent zu beginnen, wie das zweite derzeit endet: Ix ist ein Jahr, in dem Schwäche und Bewußtseinsverlust, Hunger und Diebstahl, Versklavung und der Sturz ganzer Herrscherhäuser drohen – soweit die schlechten Nachrichten.

Die gute Botschaft sollten wir bei alledem aber nicht aus den Augen verlieren: Unser verletzlicher und doch so beständiger Planet wird weiterhin durch den Kosmos fliegen wie eine Kugel, die sich Herr Sonne und Frau Mond nach unveränderlichen Regeln wieder und wieder zuwerfen. Wir selbst und alle anderen Wesen, die auf der Oberfläche dieses Balles kauern, werden von den Göttern und Gewalten weiterhin kräftig durchgeschüttelt werden – und nach wie vor vergeblich rätseln, wie wir auf diese Kugel und die Kugel selbst in die Hände der spielenden Götter geraten sind.

Doch zumindest soviel wissen wir nun: Der Tag 9 Ahau 8 Kankin, der 1. Januar 2000 nach unserem Kalender, wird ein Sonn- und Glückstag werden, ein Saat- und Erntetag zugleich, den wir nutzen und genießen sollten – was auch immer die Jahres- und Monatsgötter, Wochen- und Tagesgötter, Richtungs- und Zahlengötter mit uns und dieser Welt im Schilde führen mögen.

Anhang

Literaturhinweise

Bandini, Pietro: Die Rückkehr der Engel. Von Schutzengeln, himmlischen Boten und der guten Kraft, die sie uns bringen. Bern, München, Wien 1995 (München 1998)

Bandini, Pietro: Drachenwelt. Von den Geistern der Schöpfung und Zerstörung. Stuttgart, Wien, Bern 1996 (München 1998)

Barthel, Thomas S.: Regionen des Regengottes, in: Ethnos 18 (1953), S. 86ff.

Baudez, Claude François: Maya Sculpture of Copán. The Iconography. London 1994

Bolio, Antonio M. (Hrsg.): Legenden der Maya. München 1992

Campbell, Joseph: Mythologie der Urvölker. Die Masken Gottes, Band I. Basel 1991

Coe, Michael D.: Das Geheimnis der Maya-Schrift. Ein Code wird entschlüsselt. Reinbek bei Hamburg 1995

Hetmann, Frederik (Hrsg.): Märchen der Azteken, Maya und Tolteken. Frankfurt am Main 1996

Popol Vuh. Das Buch des Rates. Übersetzt und erläutert von Wolfgang Cordan. München 1962

Rätsch, Christian (Hrsg.): Chactun. Die Götter der Maya. Quellentexte, Darstellung und Wörterbuch. München 1994

Rätsch, Christian: Bilder aus der unsichtbaren Welt. Zaubersprüche und Naturbeschreibung bei den Maya und Lakandonen. München 1985

Riese, Berthold: Die Maya. Geschichte, Kultur, Religion. München 1995

Roys, Ralph L. (Hrsg.): The Book of Chilam Balam of Chumayel. Oklahoma 1967

Sabloff, Jeremy A.: Die Maya. Archäologie einer Hochkultur. Heidelberg 1991
Schele, Linda / Freidel, David: Die unbekannte Welt der Maya. Das Geheimnis ihrer Kultur entschlüsselt. München 1991

Thompson, Eric: Maya Hieroglyphic Writing. Oklahoma 1960

Anmerkungen

Einleitung

1 Gemeint sind Einsaffe und Einsmeister, die beiden älteren Söhne von Einsjäger aus dem *Popol Vuh*, auf die ich noch mehrfach zu sprechen komme. Anstatt den Kampf der sogenannten Heldenzwillinge der Maya - Ixbalanqué und Hunahpú - zu unterstützen, vergällten sie diesen die Kindheitsjahre und begründeten sämtliche schönen Künste und Wissenschaften (was sich mit ihrem verschlagenen Wesen offenbar gut vertrug).

2 Genauer gesagt, ohne *irdische* Vorläufer, denn wenn man diese Hypothese erst einmal verinnerlicht hat, läßt sich im nächsten Schritt freiweg behaupten, daß die alten Maya wahlweise von außerirdischen Intelligenzen und/oder vom versunkenen Atlantis stammten usw.

3 Siehe die Karte am Schluß dieses Buches.

4 Vgl. Kap. 8

5 Vgl. Kap. 6

6 Vgl. Kap. 7

7 Vgl. Kap. 8

1 Die wichtigsten Bausteine des Maya-Kalenders

1 Daneben gab es auch die »Kopfvariante«, die uns an dieser Stelle nicht zu interessieren braucht: Bei dieser Methode wurden Zahlen durch stilisierte Bildnisse von Götterköpfen dargestellt. S. Kap. 3.

2 Die Maya nannten diese Recheneinheit schlicht *Uinik*, »ganzer Mann« - vermutlich deshalb, weil sie auf den je zehn Zehen und Fingern eines Menschen basiert. - Wie wir weiter unten noch sehen werden, umfaßt der Tzolkin darüber hinaus durchaus (Mond-)Monate - und zwar genau *neun*.

2 Die Erschaffung der Kalenderwelt

1 Zu Position und Aufgaben des Jaguarpriesters vgl. Kap. 5.
2 Vgl. Bandini: *Drachenwelt,* a. a. O., S. 215 ff.
3 Nicht zu verwechseln mit den Weltzeitaltern. Nach Überzeugung der Maya leben wir derzeit im vierten Weltzeitalter, weshalb dem Nulldatum der gegenwärtigen Langen Zählung auch das Tzolkin-Datum 4 Ahau (»4 Sonnengott« oder »Großer Herr«) entspricht.
4 Die Bacabes oder Richtungsgötter, sozusagen die Atlasse der Maya-Mythologie, werden uns weiter unten im Zusammenhang mit den »Jahresträgern« nochmals begegnen. Vgl. Kap. 9
5 Frei nach *The Book of Chilam Balam of Chumayel,* Oklahoma 1967
6 So hielten bspw. auch die christlichen Gnostiker den biblischen Schöpfergott Jahwe für einen untergeordneten Demiurgen, der sich Macht und Würden eines Schöpfers nur angemaßt habe. Vgl. Bandini: *Drachenwelt,* a. a. O., S. 176 ff.
7 *Popol Vuh,* a. a. O., S. 32
8 A. a. O., S. 33
9 A. a. O., S. 33
10 A. a. O., S. 35
11 Den Mais, das Hauptnahrungsmittel der Maya, verklärten sie zur heiligen Pflanze, die sogar durch einen eigenen Gott personifiziert wurde – den jungen Maisgott, der zugleich auch Gott der Zahl Acht und Kalendergott des Tzolkin-Tages Ben ist (s. u.).
12 *Popol Vuh,* a. a. O., S. 103
13 A. a. O., S. 105

3 Zahlen und andere Götter

1 Es sind Väter im Sinn der Generationszugehörigkeit; im wörtlichen – wenn auch, wie sich zeigen wird, übernatürlichen – Sinn ist allein Einsjäger der Vater der jüngeren Heroen Ixbalanqué und Hunahpú.
2 Weshalb in dieser frühen mythischen Ära die weibliche bzw. hermaphroditische Urgöttin zumeist Menschenopfer fordert

(wie etwa die indische Göttin Kalí). – In einem letzten Versuch, ihre Entmachtung durch den aufstrebenden Sonnengott abzuwenden, vermählt sich die babylonische Urdrachin Tiamat mit dem Todesgott, mit dem sie und ihresgleichen freilich immer schon verbündet sind. Vgl. Bandini: *Drachenwelt,* a. a. O., S. 48 ff.

3 *Popol Vuh,* a. a. O., S. 56

4 A. a. O., S. 59 f. – Anders als in fast jedem anderen Pantheon wird in den Götterwelten der Maya (der Erfinder der Zigarre) kräftig geraucht.

5 *Popol Vuh,* a. a. O., S. 61

6 Nach einer (nicht nur) bei den Maya verbreiteten Vorstellung wuchsen die Menschen allgemein »wie Früchte am Weltenbaum«.

7 *Popol Vuh,* a. a. O., S. 63

8 A. a. O., S. 66

9 »Vermehrer des Maisbreis« – jener geheiligten Frucht also, aus der die Götter später den Menschen erschaffen werden.

10 »Hunahpú« ist die Quiché-Variante von (yucatekisch) *Ahau*: »Großer Herr«.

11 *Popol Vuh,* a. a. O., S. 70. – Und obwohl diese Kreaturen der Maya als verstandlos galten, erhebt ihr Mythos die beiden Brüllaffen zu den Begründern und Schutzgöttern sämtlicher schönen Künste, darunter auch die Dichtung und Schriftgelehrsamkeit. S. auch den Abschnitt zum Tagesnamen »Chuen« (Affe), Kapitel 6.

12 *Popol Vuh,* a. a. O., S. 72 f.

13 A. a. O., S. 77

14 A. a. O., S. 83

15 A. a. O., S. 90

16 Bei diesen Helfern handelte es sich um *Naguals,* also um tierhafte Erscheinungsformen von Göttern, auf die ich später noch zu sprechen komme.

17 Nach allem, was wir wissen, rollten bei diesen rituellen Matches auch echte Köpfe, die man zum Gedächtnis des Sieges von Hunahpú und Ixbalanqué abhackte und durchs Stadion schleuderte.

18 *Popol Vuh,* a. a. O., S. 100 f.

4 Ein göttlicher Countdown

1 Aufgrund dieser »atomistischen« Sichtweise beginnt das Schellhas'sche Götter-ABC mittlerweile, in Unterabteilungen zu zerfallen. Beispielsweise differenziert man Gott A aufgrund ikonographischer Varianten in *Gott A', Gott A''* usf.
2 Im altgriechischen Pantheon entsprechen ihnen ungefähr die junge Göttin Pallas Athene und die göttliche Erdmutter Gaia.
3 Vgl. Grube: Die Göttergestalten der Handschriften und ihre Hieroglyphen. In: Christian Rätsch (Hrsg.): *Chactun,* a. a. O., S. 62 f.
4 Vgl. Grube, a. a. O., S. 99.
5 Hierauf komme ich im 6. Kapitel ausführlicher zu sprechen.
6 Vgl. Grube, a. a. O., S. 71
7 *Popol Vuh,* a. a. O., S. 182
8 Vgl. Barthel, a. a. O., S. 86 ff.
9 Bandini: *Drachenwelt,* a. a. O., S. 82
10 Vgl. hierzu auch die Abbildung in Bandini: *Drachenwelt,* a. a. O., S. 81.
11 Vgl. den Kommentar des *Popol-Vuh*-Herausgebers Wolfgang Cordan, *Popol Vuh,* a. a. O., S. 167: »Man darf also [Ixmucané als] ›die Alte‹ übersetzen, wenn man sie sich als Mond-Ahnin denkt.«
12 So im Kodex Madrid, S. 107 und 108. Bereits Günter Zimmermann (*Die Hieroglyphen der Maya-Handschriften,* Hamburg 1956) äußerte die Ansicht, daß die Urmutter und die junge Mondgöttin zwei Aspekte ein und derselben Person seien.
13 Vgl. im 7. Kapitel den Abschnitt zu Uayeb.
14 Vgl. Grube, a. a. O., S. 105
15 Nach Linda Schele residiert der Jaguargott in einem Unterweltpalast, »wo er von jungen Göttinnen umsorgt wird, die die Zahl Zwei personifizieren«. Schele / Freidel, a. a. O., S. 479
16 Fray Diego de Landa: Bericht über die Verhältnisse von Yucatán; nach Rätsch (Hrsg.): *Chactun,* a. a. O., S. 185
17 Mythologisch gesehen müßte die Urgottheit Mam, die »allein Zeugende und Gebärende«, die aus dem Nichts erschaffende hermaphroditische Urgöttin, auch hier als Kopfvariante stehen – ebenso bei der 20, welche die Maya ja wiederum als 0 notierten.
18 S. Anm. 17

5 Zwischen Zahlen und Visionen: Priester und Rituale der Maya

1 Mit dem vierfaltigen Regengott teilten sie nicht nur den Namen, sie galten auch als Verkörperungen des »Regenherrn«, den wir als Gott Sechs schon kennengelernt haben.
2 Riese, a. a. O., S. 51

6 Der Ritualkalender Tzolkin

1 *Popol Vuh*, a. a. O., S. 183
2 Die klassischen Maya (die nicht in Brüchen rechneten) lösten das Problem in ihrer Langen Zählung mit Sonderzeichen, die jeweils anzeigen, ob der betreffende Mondumlauf 29 oder 30 Tage währt.
3 Riese, a. a. O., S. 49
4 Die Vorstellung unseres Planeten als Drache ist uralt und auf der ganzen Welt nachzuweisen, in China ebenso wie bei den Kelten. Auch die altgriechische Drachengöttin Gaia war eine Verkörperung der Erde insgesamt.
5 *Popol Vuh*, a. a. O., S. 125 f.
6 A. a. O., S. 139
7 A. a. O., S. 92
8 Auch diese Doppelgestalt entspringt wohl dem Hermaphroditentum der ältesten Götter: »Herr Sonne« und »Frau Mond« entstehen durch Spaltung einer androgynen Gestalt, deren Doppelgeschlechtlichkeit das Zwillingsmotiv anzeigt.
9 Vgl. im Kommentar zum *Popol Vuh*, S. 201
10 s. Kapitel 2
11 *Popol Vuh*, a. a. O., S. 71
12 So Wolfgang Cordan in seinem Kommentar zum *Popol Vuh*, a. a. O., S. 191
13 Vgl. im 4. Kapitel den Abschnitt »Herr Sieben«.
14 Eric Thompson: Maya Hieroglyphic Writing, Oklahoma 1960., S. 86. Daß er Ixquic auch gleich noch die Domäne des jungen Maisgottes zuschlägt, erscheint insofern legitim, als Einsjäger (der als Schädel am Baum hängende wundersame Erzeuger von

Ixbalanqué und Hunahpú) ja möglicherweise mit dem jungen Maisgott (Ixquics späterem Retter) identisch ist.

15 Auf die verblüffenden Möglichkeiten, das Maya-Kalendarium als Orakel zu nutzen, kann ich hier nur am Rande eingehen. Es besteht jedoch die begründete Hoffnung, daß Pío Martinéz schon in Kürze sein Versprechen einlösen und *Das Götterorakel von Yucatán* vollenden wird (vgl. Vorbemerkung). Von diesem Werk sind dann auch erschöpfende Antworten auf alle praktischen Fragen zur augurischen Bedeutung der Götterkonstellationen zu erwarten.

7 Der Sonnenkalender Haab

1 Riese, a. a. O., S. 47 f.

2 Entsprechend ist das *Popol Vuh* das *Buch des Rates*: *Popol* ist der Ort der Matten, *Vuh* das Buch.

3 A. a. O., 40. Kapitel

4 A. a. O., – Nach Nikolai Grube (a. a. O., S. 81 f.) deuten Hieroglyphen in klassischen Inschriften möglicherweise auf »Gott M« als Regenten des Uo. Indessen ist derzeit nicht einmal geklärt, ob die betreffende Namensglyphe tatsächlich auf den schwarzen »Gott M« verweist, den wir unten als einen Regenten des Uinals Muan etwas näher kennenlernen werden.

5 Nach Landa, a. a. O.

6 *Popol Vuh*, a. a. O., S. 115

7 Nach Landa, a. a. O., 34. Kapitel

8 Nach Landa, a. a. O., 40. Kapitel

9 A. a. O.

10 Vgl. im Kommentar zum *Popol Vuh*, a. a. O., S. 185

11 Nach Landa, a. a. O., 34. Kapitel

12 Nach Landa, a. a. O., 40. Kapitel

13 Eine Deutung, die sich freilich nur aus der Ähnlichkeit dieses Gottes mit dem aztekischen Gott des Handels, Yacatecuhtli, herleiten läßt.

14 Nach Landa, a. a. O., 40. Kapitel

15 *Popol Vuh*, S. 38 ff. – Immerhin stand den Zwillingen bei der Vernichtung dieser überheblichen Sippschaft »die Uralte« –

Ixmucané – listig bei. Aber ihre Rolle ist zu untergeordnet, um hiermit die Lesart »Kayab = Schildkröte« zu untermauern, auch wenn Mam gelegentlich in dieser Erscheinungsform auftritt.

8 Kalenderrunde und Lange Zählung

1 So nennen es die Wissenschaftler; die Maya selbst nannten es *Tun*, »Stein«, da man jeweils zum Ende eines »Rundjahrs« einen Gedenkstein installierte.
2 Diese Begriffe sind, mit Ausnahme von »Tun« und »Katun«, Konstruktionen der Wissenschaft, gebildet aus »Tun« und heutigen yucatekischen Zahlwörtern. Wie die klassischen Maya diese Einheiten nannten, ist nicht bekannt – ein weiterer Grund, den Versicherungen mancher Forscher, daß man die Maya-Schrift »entschlüsselt« habe, mit skeptischem Respekt zu begegnen.
3 Schele / Freidel, a. a. O., S. 511

9 Die Herren der Nacht und die Götter der Jahre

1 Persönliche Mitteilung von Herrn Pío Martinéz (s. Vorbemerkung)
2 Nicht lange vor Ankunft der spanischen Konquistadoren wechselten die Maya aus nicht genau bekannten Gründen das Zählsystem des Haab-Kalenders: Der erste Tag eines jeden Monats wurde fortan mit 1 beziffert, der letzte mit 19, was natürlich die Kalenderrunde ebenso wie das System der Jahresträger beeinflußte und die Wissenschaftler längere Zeit beträchtlich irritierte. Auf diese historischen Details möchte ich hier nicht näher eingehen, da sie das Verständnis des Maya-Kalenders eher behindern als fördern.
3 Vgl. insbesondere im 7. Kapitel den Abschnitt zum Monat Tzec.
4 Nach Landa, a. a. O., 35. Kapitel
5 Vgl. im 6. Kapitel den Abschnitt zum Tag Muluc.
6 Nach Landa, a. a. O., 36. Kapitel
7 Nach Landa, a. a. O., 38. Kapitel

10 Zeitenwende – Weltenende?

1 13 Baktun = 260 (13 × 20) Katun = 5200 (260 × 20) Tun = 1 872 000 (5200 × 360) Kin = ca. 5129 Sonnenjahre.

2 Schele / Freidel, S. 512; an anderer Stelle (http://copan.bioz.unibas.ch/meso/creationdate.txt) spricht sie von »about 142 nonillion years«.

Bildnachweis

Abbildungen im Text:

19 Arte Maya. Editorial la Muralla; **22** Merle Greene Robertson; **26** Globus 90: 341; **27** Förstemann 1880, Tafel 49; **37** *National Geographic Magazine*, Dezember 1975; **64** Astrid Fischer, Hamburg, nach: Francis Robicsek und Donald M. Hales, *The Maya Book of the Dead: The Ceramic Codex*, Norman, 1981, Vase 186; **68** links, © Justin Kerr, 1985; **68** rechts, Peabody Museum, Harvard University, Photo von Hillel Burger, Nr. T218A2; **107** Michael D. Coe; **147** Codex Tro-Cortesianus, S. 86, aus: *(Codex Madrid) Codices Selecti, Reihe C – Mittelamerikanische Handschriften*, Bd. 8, Graz, 1967; **186** Michael D. Coe, *Old Gods and Young Heroes: The Pearlman Collection of Maya Ceramics*, Jerusalem, 1982, S. 60; **193** Tomo Narashima

Die Abbildungen auf den folgenden Seiten stammen aus dem Kodex Dresden, Codex Dresdensis, aus: *Codices Selecti, Reihe C – Mittelamerikanische Handschriften*, Bd. 54, Graz, 1975:
62 S. 11; **66** S. 11; **70** unten, S. 24; **72** S. 40; **74** oben, S. 39; **77** S. 11; **78** S. 44 unten; **109** S. 18

Bildteil:

1 Merle Greene Robertson; **2/3** Kenneth Garrett; **4/5** Otis Imboden, Museo Nacional de Arqueología y Etnología, Guatemala © National Geographic Society; **6** Nadia Bindella; **7** Justin Kerr; **8** Mireille Vautier/Woodfin Camp/Focus